中国高等院校"十二五" | 环境设计精品课程规划教材

餐饮空间设计

吴昆/主编　严康/编著
张涛 喻晓洁/副主编

中国青年出版社

图书在版编目（CIP）数据

餐饮空间设计 / 吴昆主编; 严康编著. — 北京: 中国青年出版社, 2014.12（2024.2重印）

中国高等院校"十二五"环境设计精品课程规划教材

ISBN 978-7-5153-3070-9

I.①餐… II.①吴… ②严… III.①饮食业—服务建筑—室内装饰设计—高等学校—教材 IV.①TU247.3

中国版本图书馆CIP数据核字（2014）第296108号

侵权举报电话

全国"扫黄打非"工作小组办公室　　中国青年出版社
010-65212870　　　　　　　　　　　010-59231565
http://www.shdf.gov.cn　　　　　　　E-mail: editor@cypmedia.com

中国高等院校"十二五"环境设计精品课程规划教材
餐饮空间设计

主　　编：	吴昆
编　　著：	严康
副 主 编：	张涛　喻晓洁
编辑制作：	北京中青雄狮数码传媒科技有限公司
策划编辑：	马珊珊
责任编辑：	张军
助理编辑：	张琳
封面设计：	元气森林工作室　TangTang
出版发行：	中国青年出版社
社　　址：	北京市东城区东四十二条21号
网　　址：	www.cyp.com.cn
电　　话：	010-59231565
传　　真：	010-59231381
印　　刷：	北京博海升彩色印刷有限公司
规　　格：	787mm×1092mm　1/16
印　　张：	10
字　　数：	246千字
版　　次：	2015年1月北京第1版
印　　次：	2024年2月第8次印刷
书　　号：	ISBN 978-7-5153-3070-9
定　　价：	49.80元

如有印装质量问题，请与本社联系调换
电话：010-59231565
读者来信：reader@cypmedia.com
投稿邮箱：author@cypmedia.com
如有其他问题请访问我们的网站：http://www.cypmedia.com

preface

经营一家成功的餐厅如同精心导演一出精彩的话剧,需要构思巧妙而完整的剧本(营销方案)、优秀的剧务(经营者或经营团队)、美妙绝伦的舞台布景(餐饮空间),以及前来捧场的观众(消费者)。

不仅如此,经营一个餐饮项目就像三条腿的凳子——设计、菜品和服务,三者缺一不可,而且三者必须如齿轮般环环相扣,才能维持良性的经营状态。如果其中一条腿断了,就如同三个互相咬合的齿轮中其中一个突然不动了一样,后果可想而知。

三个基本要素中最抢眼的是设计,因此类似于舞美师的设计师显得尤为重要。但是,一些有过餐厅设计实战经验的设计师常常会发出感叹,他们虽然创作出了美轮美奂和精妙绝伦的就餐空间,但是结果却往往出乎预料,甚至达不到预期目标。

其实,对于日益完备和竞争激烈的餐厅设计而言,设计的重要性虽然不言而喻,但设计并非是单枪匹马在战斗,它需要各种优势兵力和漂亮的战术配合,这是一个综合体。

好的餐厅设计需要一个正确的营销策略、英明果断的经营者或团队、随市场而变甚至是引导消费市场的各种菜品,以及良好的服务品质。

希望本书能够把餐厅设计的相关要素协调起来,帮助您打造成功的餐厅设计。

目录

第 1 章 设计之前

- 1.1 餐饮空间的系统关联 …………… 010
  - 1.1.1 营业区和加工区 …………… 010
  - 1.1.2 前厅和厨房 ………………… 010
- 1.2 餐饮空间的类型 ………………… 011
  - 1.2.1 中餐厅 ……………………… 011
  - 1.2.2 西餐厅 ……………………… 011
  - 1.2.3 宴会厅 ……………………… 012
  - 1.2.4 快餐厅 ……………………… 012
  - 1.2.5 咖啡厅 ……………………… 012
  - 1.2.6 自助餐厅 …………………… 013
  - 1.2.7 酒吧 ………………………… 013
  - 1.2.8 火锅及烧烤餐厅 …………… 013
- 1.3 市场分析 ………………………… 015
  - 1.3.1 城市 ………………………… 015
  - 1.3.2 地段 ………………………… 016
  - 1.3.3 顾客信息 …………………… 017
- 1.4 前期分析 ………………………… 018
  - 1.4.1 经营角度 …………………… 018
  - 1.4.2 经营理念 …………………… 020
  - 1.4.3 服务策略 …………………… 022
  - 1.4.4 服务效率 …………………… 022
- 小结 …………………………………… 025
- 思考练习 ……………………………… 025
- 任务书 ………………………………… 025

第 2 章 开始设计

- 2.1 外部因素 ………………………… 028
  - 2.1.1 选址 ………………………… 028
  - 2.1.2 外观设计 …………………… 032
- 2.2 室内空间功能分析 ……………… 036
  - 2.2.1 公共区 ……………………… 036
  - 2.2.2 就餐区 ……………………… 043
  - 2.2.3 厨房区 ……………………… 050
  - 2.2.4 其他功能区 ………………… 056
- 2.3 室内立面设计 …………………… 058
  - 2.3.1 室内的空间分隔方式 ……… 058
  - 2.3.2 空间氛围营造 ……………… 060
- 2.4 地面设计 ………………………… 062

2.4.1 地面材料 …………………062
　　　2.4.2 地面铺装形式 ……………062
2.5 顶面设计 ………………………064
　　　2.5.1 裸露梁架 …………………064
　　　2.5.2 悬吊饰物 …………………064
　　　2.5.3 加吊平顶 …………………064
小结 …………………………………067
思考练习 ……………………………067
任务书 ………………………………067

第3章 各类餐饮空间设计

3.1 中餐厅的空间设计 ……………070
　　　3.1.1 中餐厅的外观设计 ………070
　　　3.1.2 中餐厅的室内空间功能
　　　　　 分区设计 ………………071
　　　3.1.3 中餐厅的装饰与
　　　　　 陈设设计 ………………074
3.2 西餐厅的空间设计 ……………076
　　　3.2.1 西餐厅的外观设计 ………076
　　　3.2.2 西餐厅的室内空间功能
　　　　　 分区设计 ………………076
　　　3.2.3 西餐厅的装饰与陈设设计……078
3.3 宴会厅的空间设计 ……………081
　　　3.3.1 宴会厅的外观设计 ………081
　　　3.3.2 宴会厅的室内空间功能
　　　　　 分区设计 ………………081
　　　3.3.3 宴会厅的装饰与
　　　　　 陈设设计 ………………083
3.4 快餐厅的空间设计 ……………084
　　　3.4.1 快餐厅的外部设计 ………084
　　　3.4.2 快餐厅的室内空间功能
　　　　　 分区设计 ………………084
　　　3.4.3 快餐厅的装饰与
　　　　　 陈设设计 ………………086
小结 …………………………………087
思考练习 ……………………………087
任务书 ………………………………087

第 4 章 细部设计

- 4.1 家具 090
  - 4.1.1 餐椅 090
  - 4.1.2 餐桌 093
- 4.2 无障碍设计 096
  - 4.2.1 针对不同人群的细节设计 096
  - 4.2.2 导识设计 097
  - 4.2.3 各功能区的无障碍设计 098
- 4.3 软装饰设计 100
  - 4.3.1 影响软装饰设计的因素 100
  - 4.3.2 中餐厅的软装饰设计 100
  - 4.3.3 西餐厅的软装饰设计 101
  - 4.3.4 其他餐厅的软装饰设计 102
- 小结 105
- 思考练习 105
- 任务书 105

第 5 章 餐饮空间的设计心理学

- 5.1 群体心理 108
  - 5.1.1 从众心理 108
  - 5.1.2 就餐体验 109
  - 5.1.3 种族及国籍因素 109
  - 5.1.4 细节要素 109
- 5.2 个体心理 110
  - 5.2.1 视觉空间 110
  - 5.2.2 听觉空间 111
  - 5.2.3 嗅觉空间 112
  - 5.2.4 味觉空间 113
  - 5.2.5 触觉空间 113
- 5.3 照明 116
  - 5.3.1 照明方式 116
  - 5.3.2 照度与亮度控制 117
  - 5.3.3 照明的色度与过渡区域 119
  - 5.3.4 灯具的选择、布置及灯光组合 120
  - 5.3.5 照明的合理性 122
- 5.4 色彩 123
  - 5.4.1 色彩对就餐心理的影响 123
  - 5.4.2 不同类型餐厅的色彩处理 124
- 5.5 心理空间 126
  - 5.5.1 位置 126
  - 5.5.2 从众心理因素 126
- 5.6 风水 128
- 小结 129
- 思考练习 129
- 任务书 129

第 6 章 设计实务

- 6.1 厨房管理 ········· 132
  - 6.1.1 布局与交通 ········· 132
  - 6.1.2 土建要求 ········· 133
  - 6.1.3 排污系统 ········· 133
  - 6.1.4 隔油系统 ········· 133
  - 6.1.5 垃圾处理 ········· 134
  - 6.1.6 防疫处理 ········· 134
  - 6.1.7 隔音隔热 ········· 134
  - 6.1.8 安全管理 ········· 134
- 6.2 营销服务策略 ········· 135
  - 6.2.1 文化营销服务策略 ········· 135
  - 6.2.2 体验营销服务策略 ········· 136
- 小结 ········· 141
- 思考练习 ········· 141
- 任务书 ········· 141

第 7 章 经典案例赏析

- 7.1 中餐厅设计案例：印象客家 ········· 144
  - 7.1.1 项目简介 ········· 144
  - 7.1.2 平面布局 ········· 144
  - 7.1.3 空间节奏 ········· 145
  - 7.1.4 交通流线 ········· 145
  - 7.1.5 案例介绍 ········· 146
- 7.2 西餐厅设计案例：BanQ 波浪餐厅 ········· 149
  - 7.2.1 项目简介 ········· 149
  - 7.2.2 平面布局 ········· 149
  - 7.2.3 空间节奏 ········· 149
  - 7.2.4 交通流向 ········· 149
  - 7.2.5 案例介绍 ········· 150
- 7.3 快餐厅设计案例：Amoje 美食餐厅 ········· 154
  - 7.3.1 项目简介 ········· 154
  - 7.3.2 平面布局 ········· 154
  - 7.3.3 空间节奏 ········· 155
  - 7.3.4 交通流线 ········· 155
  - 7.3.5 方案介绍 ········· 155
- 7.4 其他类型餐厅设计案例：日本东京绿色餐厅 ········· 156
  - 7.4.1 项目简介 ········· 156
  - 7.4.2 平面布局 ········· 156
  - 7.4.3 空间节奏 ········· 157
  - 7.4.4 交通流线 ········· 157
  - 7.4.5 方案介绍 ········· 158

第1章
设计之前

民以食为天。随着社会的发展和进步,餐饮业的重要性与日俱增,在我们的生活中扮演着不可或缺的角色。

虽然我国的外出就餐人数比例不及国外的一些国家,但从一些数据显示的发展趋势来看,国人越来越认同和趋向于去能够提供舒适就餐环境的公共餐饮空间就餐,并且增长速度不可小觑。

现代多元化的社会结构和丰富多彩的物质生活促使餐饮空间设计同样向多元化发展。把餐饮空间设计仅仅当做是解决温饱的生理性需求显然是远远不够的。对于许多当代人来说,他们更加希望在就餐过程中休闲放松、结识朋友、洽谈生意、品味生活,或是领略充满异国情调的就餐环境,感受不同的就餐体验。愉悦的餐饮过程本身就是当下的一种生活方式。如果把整个就餐过程看做是一幕幕话剧的话,那么演员就是形形色色的顾客,餐饮空间就是提供演员淋漓尽致表演的舞台背景,尽管顾客是在一种浑然不知的情境下演出。如何让人们在良好的就餐环境中充分地享受美食,这是值得餐饮空间设计者们深入探究的课题。

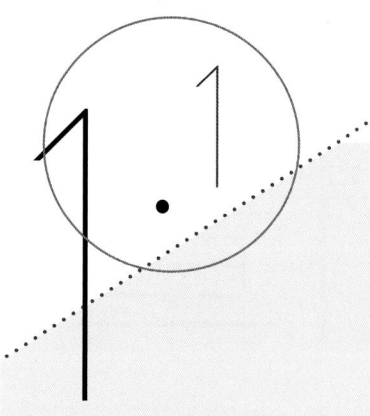

1.1 餐饮空间的系统关联

餐饮空间从一开始就不能仅仅是当做一种针对空间的设计。我们通常对餐厅的回忆除了菜品的味道外，还有其整体环境格调所带来的就餐感受。一个有着良好品质的餐厅首先要能够恰当地处理餐厅内部各个功能空间的关系，具体反映在营业区和加工区、前厅和厨房的关系上。

1.1.1 营业区和加工区

餐饮空间的各个部分之间按照某种特定的关系有机组合在一起，可以分为营业区和加工区两大部分。营业区是直接接待顾客的，包括门厅、餐厅、雅座、洗手间、小卖部、外卖等；加工区由制作间、储藏间、备餐间、付货部、洗涤间、仓库、办公室、更衣室及其他生活用房组成，其中备餐间和付货部是加工区和营业区两大部分的关键衔接点，是前后区连接的枢纽（图1-1）。

1.1.2 前厅和厨房

和其他复杂的系统一样，餐厅的运作需要各部分运行准确无误。它就像一台高效运转的计算机，除了一些必备的硬件，还必须配备能够与之兼容的各种软件。如果任何硬件或软件出现问题，计算机就无法正常工作。

与之类似，餐厅中各个部分的配合也是一样，直接面向顾客服务的前厅和决定菜品品质的厨房，这两者缺一不可。如同绘画中处理整体与部分的关系一样，餐厅中的空间不但要扮演好各自的角色，还要在餐厅中发挥整体作用。两者有效配合才能打造高效的餐饮空间。

一般来说，在餐饮空间的设计过程中，营业空间和厨房通常是分开进行设计的。室内设计师负责设计前厅部分，而厨房的布局则由专门的机构进行设计。也就是说，直接对外营业的前厅和决定餐厅营业核心的厨房是相对独立的，但二者又具有紧密的关联性。

营业空间和厨房的设计不但要遵循整个餐厅的设计理念，还要彼此分工协作。如果前厅的设计不支持厨房的设计或者厨房的设计没有表现出前厅的设计理念，都会导致设计的失败。试想一下，在一个以中餐为主的综合性餐厅的设计中，如果厨房的设计没有考虑客满状态下的满负荷甚至是超负荷操作状态，将会带来什么样的后果，客人们的焦急等待很可能使餐厅蒙受重大经济损失。产生这样不利于餐厅经营的原因在于设计者对餐厅的设计理念和菜品的内容未做全面调查和研究。要想让理念、菜品和设计完美融合，关键在于在确定前厅和厨房的具体设计元素之前，对整个设计理念和菜品内容进行细致深入的市场调研和分析。

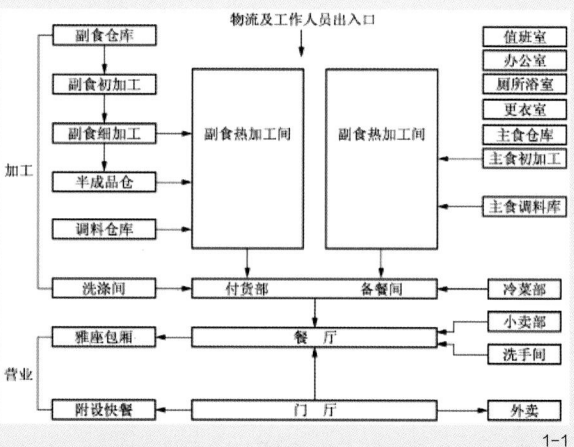

1-1 餐厅营业区和加工区的关系

餐饮空间的类型

在餐厅选址之前，首先要确定餐厅的类型。餐饮空间从不同角度可以分为不同类型。按餐与饮的不同，可以分为餐厅与酒吧、咖啡厅及茶艺馆；按国家和地区的不同，可以把餐厅分为中餐厅、西餐厅、日式餐厅、韩式餐厅及泰式餐厅等；餐馆的类型也可按照市场细分，如快餐厅、咖啡店、酒店餐厅、自助餐厅、娱乐性餐厅等。

1.2.1 中餐厅

由于国家和民族文化背景的不同，中国和西方国家的餐饮方式及习惯有很大的差异性。总的来说，中国人比较重群体、重人情，常用圆桌团体吃饭，讲究热闹和气氛。

中餐厅在室内空间设计中通常运用传统形式的符号进行装饰与塑造。例如运用藻井、宫灯、斗拱、挂落、书画、传统纹样等装饰语言组织饰面，又如运用我国传统园林艺术的空间划分形式，拱桥流水，内外沟通等手法组织空间，以营造出中国传统餐饮文化的氛围（图1-2）。

1.2.2 西餐厅

西餐分法式、俄式、美式、英式、意式等，除了烹饪方法有所不同外，还有服务方式的区别。法式菜是西餐中出类拔萃的菜式，法式服务特别追求高雅的形式，如服务生与厨师的穿戴及服务动作等。此外特别注重客前表演性的服务，法式菜肴制作中有一部分菜需要在客人面前做最后的烹调，其动作优雅、规范，常给人以视觉上的享受，达到用视觉促进食欲的目的。因操作表演需要占用一定空间，所以法式餐厅中餐桌的间距较大，以便于服务生服务，同时也提高了就餐的档次。豪华的西餐厅多采用法式设计风格，其特点是装潢华丽，注意餐具、灯光、陈设、音响等的配合，餐厅中注重宁静，突出高雅的情调（图1-3）。

1-2 位于上海繁华市中心城隍庙的一家龙虾主题餐厅采用"中学为体，西学为用"的理念，在传统中不失现代，创造了一个活色生香的美食天地

1.2.3 宴会厅

宴会厅是指可以用于召开各类婚庆活动、公司聚餐、大型集会、演讲、报告、新闻发布、产品展示、举办舞会等活动的场所，一般由大厅、门厅、衣帽间、贵宾室、音像控制室、家具储藏室、公共化妆间、厨房等构成。宴会厅一般要具备专业的音响扩声系统、先进的多媒体显示系统、丰富的舞台灯光照明系统以及智能化的集中控制系统，为召开婚庆活动、公司聚餐、大型集会、各类会议、学术报告、观看电影等活动提供卓越的音质效果、清晰的画面显示以及简单便捷的集中控制（图1-4）。

1.2.4 快餐厅

由于目前生活节奏加快，许多人不愿意在平时的饮食方面花太多的时间，而快餐店恰可以满足这部分人的需要。快餐厅突显一个"快"字，用餐者一般不会过多停留，更不会对周围景致用心观看、细细品味，所以室内设计也多采用粗线条，以明快色彩做简洁的色块装饰为最佳。用餐环境更符合轻松、时尚的感觉。室内要明快、简洁，通过单纯的色彩对比、几何形体的空间塑造、整体环境层次的丰富等，达到快餐环境所应有的理想效果（图1-5）。

1.2.5 咖啡厅

咖啡厅主要是为客人提供咖啡、茶水、饮料的休闲和交际场所，其空间处理应尽量使人感到亲切、放松。它讲究轻松的气氛、洁净的环境，适合少数人会友、晤谈等。咖啡厅的平面布局比较简明，内部空间以通透为主，一般都设置成一个较大的空间，厅内有很好的交通流线，座位布置比较灵活，有的以各种高矮的轻质隔断对空间进行二次划分，对地面和顶棚加以高差变化。咖啡厅源于西方饮食文化，因此在空间设计风格上多采用欧式风格（图1-6）。

1-3 上海浦东文华东方酒店位于黄浦江畔多功能开发项目"陆家嘴滨江金融城"之中，其中的西餐厅有一部分菜需要在客人面前进行最后的烹调，其动作优雅、规范，给人以视觉上的享受，达到用视觉促进食欲的目的

1-4 宴会厅整体氛围的营造应以热烈隆重为主

1-5 快餐厅的室内空间多以简洁明快为主

1-6 维多利亚费尔蒙皇后酒店的咖啡厅采取传统古典的设计手法，显得厚重、典雅

1.2.6 自助餐厅

自助餐是一种由宾客自行挑选、拿取或自烹自食的一种就餐形式。它的特点是顾客可以进行自我服务，菜肴不用服务员传递和分配。自助餐厅一般是在餐厅中间或一侧设置一个大餐台，周围有若干餐桌。大餐台台面由木材或大理石制成。桌椅的设置上一般以普通座席为主，根据需要也可考虑柜台式席位。自助餐厅在设计时应注意平面功能布局的合理性。应布置有专门存放盘碟等餐具的自助服务台区、熟食陈列区、半成品食物陈列区、甜点、水果和饮料陈列区，方便顾客根据需要分类拿取。内部空间设计应宽敞、明快，多采用开敞和半开敞的分布格局进行就餐区域布置，餐厅通道比一般餐厅宽，便于顾客来回取食物而不发生碰撞，从而提高就餐效率（图1-7）。

1.2.7 酒吧

酒吧一般是夜生活的场所，大多数消费者是为了追求一种自由惬意的时尚消费形式，给忙碌的一天画上精彩的休止符。如今"泡吧"成为年轻人业余时间一项重要的消遣和社交活动，各色酒吧比比皆是，已不再有太多的神秘色彩。酒吧的装饰风格可体现很强的主题性和个性，或采用古怪离奇的原始热带风情装饰手法，或体现某历史阶段的怀旧情调，或围绕某一主题，综合运用壁画、陈设及各种道具等手段进行带有主题性色彩的装饰（图1-8）。

1.2.8 火锅及烧烤餐厅

火锅和烧烤都是近年来逐渐风行全国的餐饮形式。火锅和烧烤的共同特点是在餐桌中间设置炉灶，不同点在于火锅是在灶上放汤锅，烧烤则是在灶上放铁板或铁网，二者的共同之处是大家可以围桌自炊自食。

火锅、烧烤店用的餐桌多为4人桌或6人桌，由于中间放炉灶，因此这样的用餐半径比较合理。如果是2人桌，需用的设备完全相同，其使用效率就会降低。因受到煤气管道等的限制，桌子多数是固定的，不能移来移去进

1-7 山东济南万达凯悦酒店的自助餐厅设计，值得注意的是其取餐区和就餐区之间的通道距离比一般餐厅宽，便于顾客来回取食物而不发生碰撞

1-8 天津圣·瑞吉酒店的酒吧在设计上选用了深得人心的欧式元素加以填充，使得空间色彩基调统一，低调却不失华美，彰显着欧式简洁明亮的生活态度

行拼接，所以设计时必须考虑好桌子的分布和大桌、小桌的设置比例。火锅及烧烤用的餐桌桌面材料要耐热、耐燃，还要易于清扫。另外，这类餐厅在设计上需要特别注意的是排烟问题，每张桌子上空可以设置吸风罩或者整体式的吸烟设备，以确保在就餐时烟雾能够及时排走，不至于四处飘散（图1-9、图1-10）。

此外，现在比较常见按照地域性划分餐厅，因为不同地域有不同的自然条件和社会背景，将这些反映到餐饮空间的设计中，不仅能突显环境的特色，还能以此招揽顾客，特别是来自异国他乡的旅游者。许多地域性的东西都是在相对封闭的状态下形成和发展起来的，即便经过交流与融合，被完全同化的可能性依然较小，可识别性依然很强。例如，同为食辣，湖南强调纯粹的辣，而四川则侧重辣中带麻。根据地域性的不同，我国有京、粤、川、湘、鲁、淮阳等菜系。而这里所说的菜系也可能直接纳入餐厅的名称，如某某粤菜馆、某某川菜馆或某某湘菜馆等（图1-11）。

1-9 火锅餐厅在设计时除了考虑诸如排烟等功能性问题外，还要注意整体环境和气氛的营造

1-10 烧烤餐厅首先需要注意的是排烟的问题，因此在设计时需要把独立的排烟设备考虑进去

1-11 江苏无锡沿河人家餐厅在就餐区的立面上用传统的汤勺作为装饰的符号性语言

市场分析

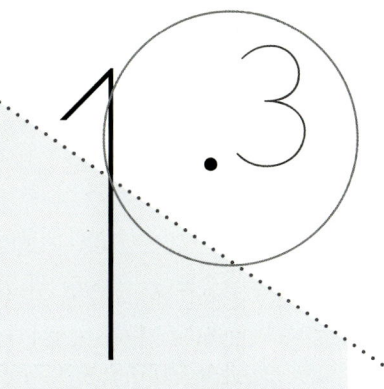

经营者之所以经营餐饮业，从根本上说是要从经营中获取较多的利润，这就注定了餐饮空间设计必须遵循一定的市场规律。

餐饮行业从经营角度来说，要想获取较多的利润，首先要提供最好的产品，即饭菜茶点，这是核心。其次还要提供优质的服务，制定合理的价格。除此之外，还必须为消费者营造一个理想的就餐环境。为此，作为创造餐饮空间的室内设计师，一方面要与经营者相配合，了解其意图，提升环境的品质，使他们能用较少的投资取得较大的效益；另一方面又要了解广大顾客的心理，满足他们的物质与精神需求，让顾客感到"物有所值"，甚至是"物超所值"。

顾客到某一餐馆去消费，初期可能是即兴的、偶然的，但优质的产品服务、合理的价格，特别是良好的环境，往往能够吸引"回头客"，使他们后来的消费成为一种自觉的行为。

在着手餐饮空间设计之前，进行全面的市场分析是至关重要的。如果不能满足市场的需要，即使餐厅的设计令人瞩目、食物美味可口、服务周到细致，也可能导致经营失败。良好的市场分析包含几个主要元素：城市、地段以及顾客信息。

1.3.1 城市

乍一看城市与餐饮空间的设计并无直接联系，但是，了解城市的职能和个性能够有效地帮助餐饮空间设计进行初期定位。

首先，必须考虑到计划经营的餐厅所在的城市属于几级城市，城市的职能以政治、经济还是文化为主，或是兼而有之。掌握这些基本信息后，便能对餐饮空间的设计背景有个宏观的了解。此外，如果经营者从一开始就要开展同城或是全国，甚至是跨国连锁餐饮业务的话，那么，对于各个城市的深入了解以及它们彼此之间的关联和差异性的把握就显得尤为重要。

其次，城市是一个综合的概念，每个城市都会有自己鲜明的个性。一方水土养一方人，城市提供人们生活的空间，生活在城市中的人们又反过来赋予城市独有的个性。如果经营者和设计师能解读出城市独有的灵魂，对于餐厅的成功经营无疑会有莫大的帮助（图1-12）。

1-12 位于江苏无锡江阴的刘家大院餐厅外部庭院设计，用现代的设计手法体现出极具地域特色的园林景致

1.3.2 地段

由于餐饮空间设计的最终目标群体是顾客,所以选择适合餐馆经营的地段尤为重要,这也是在设计之初不得不考虑的市场因素。

餐厅选址定位于附近有相应的目标客户群体的位置是很关键的,如果能够在一个消费群体相对集中的位置经营一家餐厅,是再理想不过的。在某些特殊情况下,顾客会对餐厅的位置没有那么挑剔。例如一家百年老店或者是一些经营得出色的连锁餐厅,尽管餐厅的位置不是太好,但考虑到口碑、菜品以及品牌等因素,顾客往往会忽略掉餐厅位置不好的不利因素。但是,在一般情况下,特别是对于新开业的餐厅,应该尽量避免选址不当这种失误。

餐厅的位置一方面可以反映顾客数量,另一方面还能反映其消费习惯和心理。例如,一般而言,处于繁华地段的餐厅就要比那些交通不便或是位于街道中间位置的餐厅有利得多。

餐厅建筑风格尽量与其所在的地理位置保持呼应也很重要(图1-13)。若原有建筑具备一些优点,那么在设计改造中则要扬长避短,而不是将长处抹杀。

在选址开设一家新餐厅之前,还需要考虑周围的交通情况。例如,要开一家包含早餐的餐厅,地址最好选择在居民集中的小区附近或就业较为集中的地区,如工业园附近。与之相反的是,如果开一家为上班一族提供晚餐或是夜宵的餐厅,地址最好选在马路的外侧。

地理位置的选择对厨房的设计也有影响。例如,在市区的很多地方,原料可以每天采购,但在比较偏远的地区,就需要更多的储存设备来储存一周甚至更长时间的原料,因此平面图中应包含额外的储存空间。

地理位置的选择对公共设施的使用也有影响。市区的餐厅基本上使用天然气烹饪,但是在农村或是城乡结合部这些地区,只有罐装煤气,其热量只相当于天然气热量的75%。电力设备在单相电压220伏特下运行都不成问题,但有些区域并不提供单相220伏特的电压,或者电压不够稳定,若要提升这种服务,则需要花费很高的成本。

此外,尽量了解餐厅所在街区的发展规划。根据群集选择效应,有时在餐厅云集的地段开设餐厅是一种明智之举。购物中心旁边餐厅鳞次栉比,这就是一个有力的佐证,然而在这些竞争中独具特色则是对每家餐厅的挑战。

1-13 天门山"山之港"临江餐厅是桂林市资源县天门山风景区的最新"景点",主要为到此休闲和游览的人提供就餐和休息的空间

1.3.3 顾客信息

顾客信息是在进行设计前必须要关注的经营信息，主要包括顾客的年龄群体、收入水平、消费能力和消费习惯等，其中消费能力和消费习惯是关注的重点因素。

1. 顾客的消费能力

顾客的消费能力要与设计理念中的其他因素相匹配，考虑到这一点是非常重要的。在一般情况下，低价的菜单通常会吸引更多的顾客，这就需要更高的翻台率。但是，必须结合市场环境统筹考虑。例如，一家价格适中的快餐厅可能更适合开在写字楼附近，因为这里的办公人员多为公司白领，具备一定的消费能力，再加之他们的工作节奏要求快速高效，从而导致就餐时间不会太长，所以快餐形式的餐厅更会受到他们的青睐，从而为这类快餐店赢得更高的翻台率。

根据顾客的消费能力，餐厅预想的翻台率的意义在于翻台率如果较高，进行持久耐用、维护成本低的设计将会更有意义，因为它潜在的收益较高。但在经营预期中如果不考虑翻台率，那么提高就餐体验的品质就很关键，因为高品质的就餐体验是平衡较低翻台率的有效途径。

从心理学层面不难看出，在顾客心目中，饭菜的价格与餐厅的整体环境设计是相匹配的，两者呈现出一种正比关系。在一家高档餐厅里面，经常光顾的人群大部分是有较高消费能力的顾客。

2. 顾客的消费习惯

消费人群的消费习惯有时候可以通过现在越来越普及的电子统计数据获得，这主要体现在顾客对于菜品的选择上。虽然只是了解消费人群的消费习惯中很小的一个方面，但也能从中获取不少信息。

顾客的消费习惯在某种程度上也是餐厅情感化设计的设计依据。不同类型的餐厅能唤起人们不同的就餐感觉。在西餐厅用餐和在古香古色的中餐厅用餐，就餐的感受显然是不同的。这些不同不仅表现在菜品和服务上，还表现在室内设计和室外建筑上。

另外，从时代跨度来说，受80年代计划生育的影响，现在中国人口的老龄化趋势越来越明显，很多老年人已经或者接近退休年龄。他们对自己退休后的生活做了良好的规划，退休后有较多的空闲时间寻找舒适的餐厅。餐厅可能需要更高的照明水平以适应这部分人群。在菜单的设计中字体要与纸张对比明显，这样的话，即使在照度不是特别充足的情况下，他们也能辨认。此外，若背景噪声过大，那么他们在就餐时的交谈将十分困难。

1.4 前期分析

在对市场有了充分了解之后，就可以开始着手考虑设计餐厅的理念。首先，对于投资者来说，如果拥有丰富的经营经验，那么对于餐厅的设计以及厨房、菜品、服务就会有一个宏观的把握。而对于一些没什么经验的业主，则可能更适合开一家菜品不多、装修简单的小型餐厅。

1.4.1 经营角度

在餐厅设计之初，应从经营角度进行分析，主要包括三个方面：初步设想、设计主题和突出优势。把握这三个要点，能够为设计方案提供有力的设计骨架，并直接满足业主需求。

1. 初步设想

在大多数情况下，经营者会有自己对于餐厅经营和设计的很多想法，但因为餐厅经营还包含着菜品、设计、服务等因素，所以这是一个综合体共同运转的过程。例如，厨师可能很关注菜品的品质；经理看到宴会厅可以带来更高效益后，会对零点餐厅的生意稍有忽视，而将宴会厅作为设计的中心主题；室内设计师可能试图创建一个更具视觉冲击力，甚至是能够唤起顾客对于空间情感的餐厅。

从发展的角度看，餐厅一般4~5年就面临着升级问题，也就意味着需要进行翻新设计。简单意义的餐厅翻新是涂上一层新漆，改变一下吊顶的设计，安装新的灯具等。这种翻新因为资金投入较少而容易收回成本。但如果是彻底翻新就需要对现有的餐厅做全面改造，打造一种全新的理念。进行这样全面的改造需要投入大量的资金，这就要考虑通过对菜品的涨价来回收增加的成本，从而提高收入。

最理想的状况当然是相对独立的餐厅，因为在打造独立的新餐厅时，室内外建筑风格很容易依照设计理念统一规划和设计。但在现有建筑里设计餐厅则很具挑战性，因为空间有限，制约着设计师的灵活性。在这种情况下，建立与现有建筑兼容的餐厅设计理念至关重要。例如，层高、承重柱等这些原建筑环境条件会在很大程度上制约餐厅的室内设计。

2. 设计主题

现如今，随着时代的发展，鲜明的主题性设计已经成为许多餐厅的核心设计理念。例如，酷跑餐厅是把户外运动和室内设计结合起来考虑的、富有青春活力的餐厅。还有一类甚至是会随着季节变化和聚会主题而改变的餐厅，通过这些来体现其服务理念。这类有着鲜明主题的餐厅的核心理念便是"过于通俗则会显得平庸"，正是基于这种观念，这类主题餐厅内外的设计无时无刻不体现着自身的主题元素（图1-14）。

在目前的许多餐厅设计中，特别是一些中小型餐厅的设计，可以具有更多的灵活性。设计理念更倾向于围绕主题模式展开，如一个想法、一种形象、一种轮廓或图案，也可围绕建筑风格或将理念凝聚在一起的中心元素。现在很多餐厅设计都乐于采用一种所谓的"新中式风格"或是

1-14 杭州唐宫海鲜舫位于杭州新城区大型商场的顶层，拥有将近9米的层高以及南侧开阔的视野。选用了复合的竹板作为主材料，强调传统与现代相结合的设计主题

"新古典主义风格"作为其设计理念,即整个室内设计格调以中式风格为主,采用现代的材料,并不刻意追求完全复古,而是通过一些类似于新旧材料对比的方式,甚至有时采取中西两种风格混搭的方法取得室内设计的格调平衡(图1-15)。

还有一类餐厅其设计理念与现在流行的互联网理念互相结合。如餐厅针对顾客群体,通过互联网营销手段,选取一个富有时代色彩的名字和主题,推出具有时代烙印的菜谱,从而对某一部分顾客产生吸引力。比如厦门一家名为"秀"的餐厅就吸引了80后的消费群体(图1-16)。

1-15

1-16 上海采蝶轩餐厅的室内很好地把中西风格进行调和,形成混搭的效果

1-16 吴伟宏先生设计的"秀"餐厅坐落在厦门一个潮人聚集的商业区,以SNS为主题进行设计。SNS全称为Social Networking Services,即社会性网络服务。这个概念大部分年轻人都不会陌生——人人网、校内网作为SNS网站中的佼佼者已被大部分80后年轻人所熟知

Chapter 01 \ 设计之前

3. 突出优势

餐厅的核心是其菜品和服务，但是通过设计可以突出餐厅的独特优势，比如可以通过餐厅的外部建筑设计突出餐厅的视觉形象。例如，麦当劳普遍采用的金黄色拱门造型就是餐厅外建筑的标识性特征（图1-17）。从对品牌的认知度来说，麦当劳的做法是通过全世界统一的标识来扩大餐厅的知名度和辨识度，使位于世界任何角落的麦当劳餐厅都能给顾客清晰明确的印象。

1.4.2 经营理念

经营理念有助于制定整个餐厅设计的设计原则和设计核心。举个例子，独立经营的餐厅和连锁店的经营思路就会大不一样，连锁店在设计时更注重实用性、模仿性和安全性，而独立的餐厅则更倾向于自己独特的设计品位和菜肴。

1. 经营时间的考虑

寻求生意长期稳定发展的经营者可能将大部分资金用在设计上，以期打造一种有口皆碑的经典设计，这是一种长线的经营思路。在这种思路的驱动下，经营者会谨慎地选择设计师来进行设计，针对未来比较长的一段经营时期和设计师进行讨论，这对设计师来说也是一种挑战。从设计上来说，餐厅整体风格要在比较长的一段时期内有一定的适应性，还要考虑到材料的坚固性和耐久性，以便于餐厅的长期使用。

此外还有一种短线经营的策略。在某些经营者看来，经营短期的餐厅更具吸引力。有的人寻求所需资金最少的餐厅来经营，只想要餐厅开业之初所得的盈利，然后在账本底线崩溃之前抽身，再利用所得的收入去投入新的短期经营的餐厅，如此循环往复。这对于设计来说，最大的影响莫过于对整体装修的造价考虑，这种思路适宜于一些小型餐厅和快餐厅。

2. 菜单及菜品规划

菜单规划也是餐厅发展不可或缺的组成部分。有些厨师和经营者会认为整个餐厅的运作是围绕菜单来进行的，但是，在餐厅整体设计理念出台前往往没有计划菜单的内容。事实上，餐厅施工后很长一段时间厨师才会就位。厨师的介入有助于提高前厅和厨房的设计，而厨师的缺席会导致一系列后续问题。

如果设计团队中有多名成员通晓菜单规划的知识也是很有帮助的。无论是何种类型的餐厅，就餐者最终都会将目光集中在菜品上，这是首先要考虑的问题，也是核心问题。业主、厨师都会对某类菜品有所青睐，但如果菜单的内容没按照顾客的喜好做出相应的调整，那么餐厅可能很快就面临着关门的命运。这也是服务行业的本质，即不要以个人的喜好强加于服务对象。餐厅经营者如果相信可以培养顾客接受他们的菜肴，那么他们的道路可能会艰难而又漫长。这就是为什么一些自信的经营者在开业后会经常更换菜品的种类，也解释了为什么在菜单规划的过程中选择更具灵活性的设备那么重要（图1-18）。

餐厅经营的核心——菜品，会直接影响顾客的行为，影响着他们是否选择在此就餐，是否会成为回头客（图1-19）。菜单更改虽然成本很高，因为直接涉及更换厨师和相关设备这些软件和硬件，但从多方面来看，这是必需的。不管出于什么原因，菜单的更改——以及由此带来的厨房和前厅的调整——要求在规划设计过程中应具备灵活性。

菜品可能不是吸引顾客首次光临的第一要素，引人注目的餐厅外观设计、令人印象深刻的媒体宣传或是有口皆碑的名声都会诱使食客选择来此消费。但是，在很大程度上，菜品对顾客是否成为回头客有着生杀大权。可见，竭尽全力提高顾客对菜品的认可度至关重要。例如，对于中式餐厅来说，顾客希望热菜热气腾腾，而凉菜要冰凉爽口。如果连这基本的要求都达不到的话，就不会有回头客。服务员端着精心雕琢的菜品轻快地来到餐桌前，菜品未经遮掩，精致毕现，这本身就是一种有力的宣传手段，但如果菜肴端到桌前就已经不热，那就会事与愿违。

3. 成本预算

对餐厅设计有着重要影响的另外一个因素便是成本预算。财务预算计划有时与实际操作是相互冲突的。其实，每位经营者都想倾囊设计，这与当代的消费者都渴望新奇的视觉感受，越来越把设计看做价值等式的一部分的消费观念不谋而合。经营者都希望自己在餐厅中的消费能够体现设计的价值。

当然，在一些运作很成功的餐厅中设计相对于菜品和服务来说并不显得那么重要，但在这种情形下经营成功的餐厅却是凤毛麟角。与此相应的厨房设计可选择能提高生产和效率的设计方案，以使其收益更高。

在设计的初始阶段就应着手预算规划。经营者应做出一个初始的预算作为指导方针，并在设计合同最终确定之前，达成一个最终的预算方案。预算必须随着工程的进展时时跟进和调整。工程往往会产生隐形的费用。与新餐厅

1-17 麦当劳普遍采用的金黄色拱门造型是餐厅外建筑的标识性特征

1-18 味千拉面的菜单中，除了经典的招牌拉面外，还有相关的各色美食，能够最大限度地满足顾客的需求

1-19 精雕细琢的菜品是餐厅经营的核心，也是吸引顾客就餐的重要因素

1-20 Inamo餐厅是一家创新性的亚洲风味餐厅，为顾客提供别具风情的餐饮艺术以及非典型性的亚洲餐饮体验，位于伦敦创意产品聚集的地方——SOHO区。Inamo最别具特色的地方无疑是他们对高科技与餐饮的结合——一个电子化的互动订餐系统

相比，翻新的费用可能往往更高。事实上，任何一个因素都可能引起一项或多项建筑预算成本的上升。因此，应在设计之初就准备一些用于应急的备用金。

预算控制的一个重要因素是如何合理地分配设计费用。最佳的投资方式是将资金投到能产生最大收益的地方以及与顾客接触最多的项目上去。出色的设计并不一定花费昂贵。在设计预算吃紧的高档餐厅时，有时用真假装饰混合搭配能有效地控制成本。例如，雇佣在校的美术学生直接进行墙体彩绘就远比采购高档墙布更节省成本。

在考虑整体的设计工程费用之前，还有两个影响因素要考虑。一是餐厅的地理位置和土地的租金费用，二是不同地区的人工成本差异。

1.4.3 服务策略

不同性质的餐厅和具体的空间布置设计对餐厅的服务策略有着重要影响。例如,提供全服务的餐厅可以提供盘装、餐车、自助、备餐台或是四种服务的混合模式。盘装食品服务即食品在厨房装入盘中,传给服务员,再由服务员送到顾客的餐桌上,这种服务方式所需的桌面和饭厅的占地面积是最小的。备餐台的作用则在于把从厨房的菜品集中于此,以便下一步分配到不同的台位。因为餐车要与餐桌保持相对安全的距离,所以餐车服务所需要的空间最多,一般在西餐厅或自助式餐厅中使用较为广泛。如果餐厅的服务方式是以自助餐为主,就要考虑到放餐的空间、通向自助餐处的通道以及服务员补餐的空间。

1. 点餐服务

目前,大多数餐厅都提供点餐服务。除了在前厅的服务员的工作外,厨房内部需要高热量及快速烹饪的设备,另外还需要有保温餐桌存放批量的成品和调料等。

2. 自助服务和点餐服务相配合

还有一种情况是自助服务和点餐服务相配合。顾客点完餐后,由服务员将菜品用推车放在餐桌边或是桌边附近的备餐台上。桌边服务常常需要酒精灯或是丁烷燃气罩来烹饪或保温。目前很多连锁的火锅店都采用这种服务方式,这也意味着餐厅室内还需要良好的通风系统来排走桌边烹饪所产生的烟雾和气味。利用现代科技实现点餐和就餐的互动性也是一种不错的选择(图1-20)。另外需要注意的是,顾客自己烹饪时间要和点餐的准备时间完美契合,实现同步,而不是让顾客长时间等候。最关键的一点是所有的原料在顾客点完餐后能够迅速各就其位。此外,厨房需要考虑增加额外的冷藏空间以满足翻台率。

3. 快速服务

在快餐厅提供的是一种快速服务,这种服务方式以快速的食物传递和使用一次性餐具为特点。许多菜品被制成半成品,顾客点餐时再进行快速烹饪。多数的快速休闲餐厅所需要的食材原料都是新鲜的,每天都会采购,所以相对于冷冻空间来说,它们需要更大的冷藏空间。在经营过程中,柜台服务员将从原料中取出所需分量,排队的顾客可以目睹整个烹饪过程。

4. 宴会服务

提供宴会服务的大部分是综合性餐厅、酒店等餐饮部门,其菜品通常是提前预订并准备好的。在大型的宴会服务过程中,为了提高服务效率,上菜前在餐桌四周会放置一些可随时加热的服务餐车。

5. 外卖服务

还有一种能够应对小型餐厅经营的服务模式——外卖服务。外卖服务是很多快餐店不可或缺的部分,因为这也是额外的收入来源。其特点是不提供座位或是仅仅提供很少的座位,但这种小型餐厅的等餐区的空间要足够宽敞。对于医院、写字楼等机构,提供送餐服务也是一种常见的服务策略。送餐服务主要通过电话来订餐,现在已经有越来越多的餐馆接受网上订送餐服务。选择人口密度较高的地区是这种经营方式的成功所在,这样的地区就餐率较高,从而可以确保送餐交通成本的回笼。

1.4.4 服务效率

成功的餐饮空间设计能够为就餐者提供宜人合理的就餐环境,同时也能够提高服务人员的工作效率,为此也可以将餐饮空间分为就餐空间和服务空间。服务人员使用频率最高的空间大多数为流通空间、等待空间、交叉空间、展示空间和边缘空间,这些可以统称为服务空间。服务空间注重结合空间主题、客户心理与服务流程。如中式餐厅往往是团体用餐,参与人员较多,可以用较高的照明照度和宽敞的空间来营造隆重、喜庆的氛围。同时,服务空间也迎合这样的空间氛围,相对自由灵活;而在西餐厅中,大多数客人都渴望一定的私密空间,服务空间则相对固定,尽量不打扰客人的用餐和交流,但一般会保持在正常语音能够听到的空间范围内。

1. 翻台率

服务的效率和翻台率相关。快速的服务可以最大限度地提高翻台率——也就是说,客人占用座位的时间最短。提高翻台率是提高营业额的有效手段之一。一般顾客在快餐厅用餐所花费的时间较短,因此快餐厅的桌椅设计得并非完全符合舒适的人体工程学标准;在自助餐厅,因为顾客会花更多的时间取拿食品,翻台率会低一些;在提供综合性服务的餐厅,尤其是那些提供多种菜品且价格昂贵的餐厅，顾客会花更多的时间享用精致的美食，因此就餐时间会相应拉长；对于路边的、类似于夜市这样的小型餐厅来说，翻台率则明显高得多。

顾客在餐厅花费的时间为等餐时间和就餐时间的总和。如果顾客的等餐时间和就餐时间比较长，就要考虑设计带有软垫的扶手椅等舒适的家具；相反，如果需要更高的翻台率，就提供硬面椅子，这样有助于顾客用完餐后尽快离开餐厅，例如之前提到过的快餐厅就往往采取此策略。厨房的布置和设备的安排也要具备快速应对多功能的需求。

2. 翻台率和营业时间的配合

在实际情况下，服务效率在计划时往往容易被忽视。如果翻台率和营业时间没有很好地配合的话，可能需要通过延长营业时间来获得相应的预期收益。例如，在就餐的高峰阶段就要注意高效的翻台率，因为这样会直接影响到顾客的就餐情绪和是否在此就餐的判断，从而从根本上影响餐厅的营业。在具体操作的过程中，服务员的效率、上菜速度、餐桌距离等众多要素需要很好地配合起来。

3. 利用电子设备提高服务效率

目前，在一些中型餐厅中已广泛使用销售网点系统，俗称 POS 机。在其帮助下，弹出式菜单使服务员能够掌握订单所需要的全部信息，这会明显提高餐厅的翻台率。有了 POS 机的帮助，点菜时服务员不必去厨房便可以下单。经由服务员输入的订单内容在打印后更加容易识别，这样，订单的准备时间就缩短了，出错率也降低了。

专业小常识：菜品构思

从经营一家餐厅的角度来看，不管其装修如何出色，最终顾客的终极目的和主要活动内容还是享用美食。因此，从一开始就要考虑到自身的菜品特色，对菜品的推陈出新或是维护某些口碑菜品就显得尤为重要。

从菜品的整体构思到准备，直至制作，以及所涉及的食品安全问题，都是值得关注的。任何一个环节都相当重要，都会直接影响到一个餐馆的经营状况。

任何国家的饮食文化都有一个共同的基本原则——以人共通的生理与心理为主轴。基于这一点，在菜品构思时就要以尊重"人"的需求为核心，顺着味蕾从接收到刺激的变化原理，先生后熟、先凉后热、先淡后浓。

中餐菜品构思

中餐不同于西餐和日式料理之处，是中餐的主菜可以有好几道，鸡、鸭、鱼、肉，每盘菜都是主菜，也全部一起上桌。因此，除了正式宴会，中餐的上菜顺序没有明确的规定。

西餐、日式料理，食材都经过厨师的细心处理，食物都是平平地躺在盘子里。而中餐的食材大多是"原形毕露"地上桌，如全鸡、全鱼等。可说是千姿百态，既立体又原始。

对于中餐的菜品，怎么吃较为方便、怕不怕烫等问题，每个人的感觉又各不相同。因此，中餐菜品在构思时要用"一制来统一"就比较困难，可以根据食材的特性来制定不同的菜品，让其"各自表述"较为恰如其分。

日式料理菜品构思

日式料理和中餐完全不同。日式料理大多吃原味，也不强调调味料，每一道菜的浓、淡、清、油都很分明，因此上菜时的顺序会影响一整餐饭的味道。味道的浓淡决定了日式料理的食用顺序，也决定了在构思日式料理菜品时的整体布局。

西餐菜品构思

西餐的菜品除了考虑基本菜品外，还需要照顾到中国人的饮食习惯，在设计菜品之初对口味的搭配比较关键。如可以通过套餐、自由零点搭配、服务员推荐热门菜品和最新菜品等方式提供菜品服务。

小结

餐饮空间设计是一个综合的设计过程，涉及的内容不仅仅是空间要素，设计之初相关信息的搜集也是非常关键的。因此设计师不仅要通晓自己的本专业知识，还应对餐厅的类型、市场状况、设计理念、菜品及服务等项目都有所了解，这样才能打造出一种整体性的设计，而不是仅仅照顾到空间设计部分。设计团队的良好配合，结合餐厅的精心布置，才能为顾客、员工和管理人员打造出最高效的空间，成就完美的餐厅设计。

思考练习

1. 餐饮空间在设计初期应注意哪些方面？

2. 常见的餐饮空间有哪些类型？请举例说明。

3. 经营上要做何基本分析？

任务书

搜集和调研各种餐饮空间的形象与文字资料（以形象资料为主），进行简单的分类与前期分析。

第2章 开始设计

影响餐厅设计的相关因素固然不容忽视，然而，销售要产生利润才行，因此还要考虑顾客这一关键因素，尤其是顾客对餐厅的感知能够左右销售的好坏。而顾客的感知基于一套复杂的因素，这些因素在每个餐厅和顾客身上体现出很强的独特性。例如，当顾客开车路过某家餐厅的停车场，看到停车场全部停满车辆，他对这家餐厅会有怎样的判断？而当他路过门可罗雀的餐厅时，他的想法又是如何呢？试想一下，他会去哪里就餐？因此，对于潜在的客户而言，在看到招牌的第一眼到是否进去就餐，这个决定的瞬间至关重要。这里面包含着合理的场地选址和顾客能够直接看到什么样的餐厅门头设计。多数顾客在第一次就餐时，都会决定下次是否再次光临这家餐厅。

不管是哪种类型的餐厅，顾客的就餐体验都会涉及目的地、进程及抵达的顺序。如果是有效的设计，这个顺序就会是和谐流动的。合理的平面规划和有效的空间组合，以及充满装饰意味的立面设计有助于创造一种值得怀念的就餐体验。

2.1 外部因素

餐厅所处的地段对经营有很大影响,所以业主在最初就要对经营的地段和周边区域做详细地考察和分析。餐厅的建筑外观形象至关重要,它能在很多方面对顾客产生直接影响(图2-1)。因为它是区别其他餐厅的重要识别符号,也是顾客是否愿意进入餐厅消费的第一印象。餐厅坐落的位置很关键,因为这将直接影响其外观的设计风格和品位,而且餐厅周边的环境也影响着顾客对其类型的判断。比如在一片高档写字楼区出现廉价的大排档就会显得不是很协调。

餐厅的立面部分——外墙、外部标志等可以表明其经营主题、特色(图2-2)。餐厅的外观设计是其经营内容、档次、品位、文化的集中体现点之一,而外观的标识也同样重要,建筑外部展示的标识和表意符号通常是该企业的识别系统,适用于全球各地的连锁店,如星巴克咖啡的标志已经成为一个世界性的知名标志。在世界各地的连锁店中,尽管建筑形式不同,但标志不变。如金色弧形的麦当劳和红白色系的肯德基标志等。因此,在餐厅整体理念设计的孕育阶段,就应把标志性表意符号和空间环境设计综合加以考虑,识别性强的标识可使路过的行人记住和辨别餐厅,从而使其脱颖而出。

与外部因素相关联,餐厅的统一形象可通过标识贯穿到室内外的每一个角落,如服务员的服装,餐巾纸的包装、桌布、碗筷等,这些标识可以不断地提醒顾客,使其加深对该餐饮品牌的认知和记忆(图2-3)。

2.1.1 选址

在餐厅的筹建阶段,选择合理的场地是其投资成功的关键。选址的权重在诸多决定经营的因素中,占据着很大比重。在同一街道上面对面的两家餐厅,为何一个门庭若市,另一个却门可罗雀?为何有的餐厅经常会更换门头式样?在一个看似偏僻的地方,餐厅里却顾客盈门?这些看似普遍的现象,其实与餐厅的选址有着很大的关系。

影响餐饮企业选址的因素很多,并且随着不同区域而各有侧重。从政治、经济、文化、社会等各方面来考察,影响因素主要有7个方面:店面规格、目标顾客、交通状况、竞争情况、周边环境、物业成本和城市发展规划(表2-1)。

2-1 从图中可以看出,坐落在上海的采蝶轩餐厅,其餐厅的建筑外观独具地域特色,又不失现代气息,非常吸引眼球
2-2 位于江苏无锡的沿河人家,其餐厅建筑外立面素雅古朴,告知顾客这是一家具有江南美食特色的餐厅
2-3 同样是江苏无锡的沿河人家,室内的细节随处可见能够体现餐厅形象的元素,既突出了主题,又可以作为餐厅文化的一部分,使顾客印象深刻

表2-1 影响餐饮企业选择经营场地的因素指标体系

影响餐饮企业选址的因素	店面规格	店面大小
		店面容量
	目标顾客	周边人流量
		人口结构
		购买力水平
		消费习惯
	交通状况	车辆通行状况
		可达的便捷性
		道路状况
	竞争情况	竞争程度
		竞争密度
		竞争目标定位
	周边环境	商业环境
		卫生状况
		治安状况
	物业成本	租金成本
		停车场数量
		停车场位置
	城市发展规划	区域规划
		地区经济背景
		市政设施及服务

1. 店面规格

不同类型的餐厅其经营的场地大小、容量都会有所不同，因此从一开始就要对店面规格有所定位。比如对于普通的大众型餐厅，因为是以家庭或个人消费为主，可以在社区或便利型商业街市进行选址，经营的规模不宜过大，其容量也应参考小区的居民人口以及周边的流动人口，以此作为确定餐厅营业面积的参考依据（图2-4）。

2. 目标顾客

场地的选择要以便利顾客为原则。从节省顾客的购买时间、节省其交通费用的角度出发，最大限度地满足顾客的需要。这其中要考虑很多因素，比如人流活动的线路、人们的日常习惯、下车后喜欢往哪个方向走等（图2-5）。这些因素条件形成一套完整的数据之后就能据此确定地址。比如，餐厅门前人流量的测定，是根据一定的标准，在计划开店的地点记录经过的人流，测算单位时间内多少人经过该位置。除了该位置所在人行道上的人流量外，还要测算街道中间和街道对面的人流量。人流是有一个主要流向的，离客源方向越近越占优势。比如人流方向是从北往南，如果北边有一家西式快餐店，在南边再开一家就不妥当了，因为主要客流是从北边来的，大量客流被快餐店截住，在南边开店效益就会受影响。最后，根据采集来的人流量数据就可以测算出在此地投资是否合适。

3. 交通状况

对于餐厅的场地选择而言，交通状况主要是指车辆的通行状况和可达的便捷性，它意味着潜在的客源（图2-6）。但必须清楚客源绝不等同于交通的频繁程度，如在交通要道，尽管交通较为频繁，但对于餐馆的经营并不一定有利，因为周边人流量过大反而容易导致交通不畅，会由堵车而引起难以进出的尴尬局面。因此，餐厅周围最好拥有两条不同的自驾车线路到达这里：临餐厅一侧车辆进出方便，而餐厅对面来车掉头也方便。此外，餐厅位于主要客源来向的右侧较为有利，因为这样进出车较为便捷。道路状况也是餐厅选址参考的一个重要指标，如果路面高低不平，或是长期积水等这些不利因素都会影响到顾客的回头率。总而言之，开餐厅的地点必须交通便利，

2-4 位于社区和便利店附近的大众型餐饮连锁机构，简单的店面装修，以周边小区居民为主要服务对象

2-5 像肯德基这样的全球连锁快餐厅不管位于哪个城市，其选址一般遵循位于人流量大、交通便捷、商业繁华地带的原则，且街角或步行街的尾端是常常被考虑的最佳建店地段

2-6 位于交通便捷的地段对于餐厅经营而言是非常重要的，综合性商场内部餐厅在地段上有着得天独厚的经营优势

进出车和停车方便安全。从经营的角度来看，只要交通便利，在一定程度上也能平衡选址较远的不利情况。

4. 竞争情况

竞争情况的评估可以从3个方面来考虑。首先，从竞争程度来看，提供同种类型餐饮服务的餐厅会导致直接竞争，一般来说，这会被认为是消极的不利因素。间接竞争则包括提供不同菜品和不同服务。在所选择的经营地段，任何一种形式的竞争都是值得考虑的，这可能意味着一个潜在的绝好的经营地段，同样也可能意味着一个不利于经营的地段。但是也要看到，直接竞争未必会导致两败俱伤，相反还可能促进彼此双方的共赢。

其次，从竞争密度分析，竞争密度是指同行业和向光行业营业点的个数及本区域内餐厅的总座位数，即生意是否过密。这体现了本区域内餐饮业的供求关系，是对竞争激烈程度的一种直接反映。通常是竞争越激烈利润越低，但这些分析在某些情况下也不是绝对的。在行业密集扎堆的地方，往往会出现商家吸引商家，人流吸引人流，形成一方繁荣的局面。但在这类区域经营餐馆，各餐饮企业一定要有自己的风味特色和消费定位，餐厅之间既有竞争又能互补，只有这样才能取得成功。

再次，有明确的目标定位也很关键。选择地段的目的是确定重点在哪个区域经营。在地段选择的标准上，一方面要考虑餐厅自身的市场定位，另一方面要考虑所在区域的稳定度和成熟度。餐厅的市场定位不同，吸引的顾客群不一样，所选地段必然也不同。举个例子，东北风味餐馆和麦当劳的市场定位不同，顾客群体不同，其选址自然互不相同。而麦当劳与肯德基市场定位一致，顾客群基本重合，自然在经营地段的选择方面是一样的，所以经常看到的局面是在一些大型超市的两端，一侧是肯德基，而另一侧是麦当劳（图2-7）。

5. 周边环境

餐厅周边商业环境的特性对经营有着直接影响。比如针对商业区、商务写字楼、工业区、大学区、娱乐区或住宅区等不同特性的区域，餐厅要采用不同的营销策略。例如，对于高档餐厅而言，在高档写字楼、行政区、高新区、金融机构等这些地段是不错的选择，因为这些区域的人均收入较高、收入相对稳定、收入增长较快。同时，这些区域的商务、宴请等社交活动较多，比较注重宴会的档次。而且在这些区域内聚集着众多的商务人群，他们的消费水平和餐饮品位比较高，日常的商务洽谈和工作用餐的需求都很大。因此，对于环境优雅、菜品精致的高端餐厅也就拥有着十分广阔的市场前景，所以，对于资金实力雄厚的投资者来说，在以上这些区域内投资此类餐厅，会得到比较好的收益。

餐厅周边环境如果整洁、优雅，再加上较好的内部环境，如幽静的公共空间（休息室、等候区）、清洁的洗手间等，就能吸引更多的顾客。日本一家调查公司曾对餐厅中的顾客偏好做了一个调查，结果发现餐厅的公共区域以及餐厅周边环境整洁，竟是大多数顾客光临的最大理由。可见，创造整洁、优雅的环境是多么重要。另外，餐厅周围的治安状况对于顾客选择餐厅来说也是一个直接的决定因素，不容忽视（图2-8）。

6. 物业成本

选择店面的租金成本，对餐饮企业来说非常重要，随着商业地产的发展增值以及来自政府区域规划带来的店

2-7 同一个步行街的两端分别是肯德基和麦当劳，这种情况在城市的繁华地段能经常看到，就意味着这些地段是商家必争之地

2-8 位于桂林的伏龙轩餐厅，其周边山水相映成趣，古香古色，环境优美

面位置利好的情况，餐饮企业的店面成本会面临增加的可能，这对一些定位于低端客户群的业主来说也是一个很大的威胁，因为其很难通过对菜品和服务加价的形式来弥补因租金提高带来的运营成本的上升。餐饮企业需要根据自身定位及前期的资金周转来合理地进行选址。因为对大中型餐饮机构而言，其菜品价格基数高，就算涨价，也在消费者可接受范围内。但小餐厅的涨价需要很谨慎，因为小餐馆的消费群体比较低端，价格的小幅上涨也会令其流失不少顾客。

餐厅的投资者一定要弄明白整个楼盘及购买、租赁房屋的具体工程技术指标，尤其是对开餐厅所必需的指标要全面地掌握和了解，其中涉及厨房的排烟、排气管道的走向、消防安全、排污、环保等问题是否达到了经营餐馆的标准。如果不具备上述条件，投资者是否可以按照餐馆开业的标准进行改造，包括如何改造、谁来改造、改造周期及费用等问题。千万不可轻信开发商或者业主对于房屋的模糊性介绍，一定要追问每个方面的细节数据。比如室内的层高，每层净空（地板至梁）不能低于3.5米，柱间距7米以上为佳，进深最好小于15米，开间不小于30米。房屋通透性方面，至少要两面通透采光，且采光面最好为落地玻璃，这样从外面也能清晰地看到餐馆的营业状况，正前方以及左右方无明显视觉遮挡。如果硬件结构达不到基本要求，投入再多的资金也装修不出高档豪华的餐厅。同时，要考虑场地综合布局，要大致规划厨房、洗手间、包间等用房，并考虑上述布局的合理性。

在餐厅经营的场地选择问题上，宽阔的停车场与室内的营业空间相比，停车场的空间是一个比较容易被忽视的环节。现代社会休闲或高规格餐饮的消费主体往往大多都是有车一族，他们在外出时都习惯以车代步，因此，餐厅附近必须要有充足的停车位，并且要能够保证安全（图2-9）。如果说菜品和服务是他们来此就餐的理由的话，没有停车位就成了美中不足的问题，这些群体一般是不愿打的或步行到餐厅的。所以一定要停车方便，如果门前有一个开阔的停车场，要比地下停车场更好。一是因为对于顾客来说地下停车要麻烦得多；二是对于经营者来说在门口停车，显得餐厅聚人气。从消费行为心理学来看，顾客普遍存在较强的从众心理，他们更愿意到餐厅人气较高的地方去就餐。所以一些餐厅在刚开业的时候，会让亲朋好友将车停在门前，以此来招揽顾客。

停车场位置最好位于餐厅正前方或侧面等容易被顾客识别的地方，一来顾客从停车场到餐厅前门较为便捷，二来这样会更加聚人气。原则上每平方米营业面积拥有的独立停车位应不少于2个。

7. 城市发展规划

随着城市化进程的发展，城市规划中的区域改造政策对餐饮企业的影响极大，因此，在开设新店的过程中，要密切注意相关政策信息。区域规划往往涉及建筑的拆迁和重建。如果未做分析，有关餐厅的经营项目就盲目上马，在成本收回之前就要面临拆迁，这无疑会使业主蒙受巨大损失或者失去原有的地理优势，损失宝贵的金钱和时间。所以在确定餐厅位置之前，一定要向有关部门或者一些渠道进行咨询。比如麦当劳和肯德基这样的国际餐饮连锁企业就非常重视其选址所在区域的长期规划问题。

注意选址区域的经济发展水平及发展趋势，特别是商业发展速度，这对餐厅的前景有着很大的影响。办法是选取相同类型的区域作为参照，详细考察它们的经济发展模式，因为在很大程度上这些模式都是相同或相通的。

另外，在城市化快速发展的背景下，对土地资源有着高效、集约利用的城市综合体是一种开发趋势。大多优越的地段和区域会催生城市综合体项目的开发。目前已有城市在繁华地段以集约型的广场作为综合体进行开发，其包含精品百货、大型超市、数码广场、商业步行街、餐饮、影院、KTV、电玩城等丰富业态和品类，各种功能有机联合，能满足不同年龄段、不同性别、不同时间的客户需求。由于其较为全面的人群覆盖，对大众型快餐和一些定位中端的餐饮企业来说是很好的入驻机会，所以要提前做好店面的区域布局规划，抢先占据优势地段（图2-10）。

2-9 可就餐的餐厅外足够的空旷空间

2-10 随着城市的发展，越来越多的餐厅进驻到综合性大型商场

2-11 闹中取静的雅典IT咖啡馆，有着轻松典雅的室外环境，形象特征突出，使得顾客能够非常惬意地在这里享受美好的就餐时光

市政设施包括经营所必须具备的能源供应，如水、电、燃气（天然气、煤气等），周边道路和建筑与绿化、下水设施、垃圾处理设施、通信设施、消防设施等。市政服务包括与上述过程有关的服务和环卫、环保、治安等情况。这些将决定餐馆周围是否具有良好的社区环境。

成功的选址，除了按照上述的原则操作以外，还要进行大量的调研，对所选地段的商业状况的优缺点进行评估，比如宏观经济政策、地方规章制度、风土人情、饮食习惯、经济趋势和居民收入状况等，并预算营业后的收入和支出，对可能出现的问题进行合理分析。这些第一手资料越准确、越详细、越全面，对后续有效营业越有关键的意义。

2.1.2 外观设计

除了外部环境因素影响着餐厅的经营状况，餐厅的外部设计也在视觉层面潜移默化地决定着顾客对餐厅的印象。从规模和外观的角度来考察的话，餐厅位置的地面形状一般以比较方正的矩形为好，必须有足够大的空间容纳建筑物、停车场和其他必要设施。三角形或多边形的地面除非非常大，否则是不足取的，因为从营业面积和利润配比的角度看，这样的地块可能会丧失很多营业面积，从而在一定程度上影响餐厅的整体收益。同时，在对地点的规模和外观进行评估时也要考虑到未来消费的可能。外观设计包含餐厅的整体可见度与外部的形象特征、与众不同的门头设计、吸引眼球的户外广告及标牌、周边的园林景观规划设计等。

1. 可见度与形象特征

餐厅的可见度顾名思义，指的是餐厅位置的明显程度。也就是说，无论顾客从外部哪个角度看，都可以获得对餐厅的整体感知。餐厅的可见度是由从街道两侧往来的车辆和徒步的人的视角来进行评估的，因此坐落于有利的营业地段地是很重要的，这也从一方面验证了上述对餐厅营业场地的合理分析的重要性。

打造餐厅的形象特征也很重要。由于资金的投入和成本回收的周期等诸多因素，导致大多数的餐厅会选择一些相对标准的方形场地经营，整体布局势必就会对原有建筑产生很强的依附性，因此其外观设计更加需要与众不同，才能在鳞次栉比的周边建筑物中脱颖而出。而如果餐厅是独立的建筑，就可以把外观与室内进行富有个性的整体设计，这对顾客将会产生足够的吸引力。如果餐厅位于高层建筑内部，相对于与建筑的整体比例关系来看，那么它的外部标识和广告就相当重要。在大型的购物广场的美食街，一般都会有供不同餐厅共同使用的公共区域，所以，这类餐厅除了正常营业的室内部分外，其位于这些公共区域的外部形象往往也会令顾客记忆深刻（图2-11）。

餐厅的可见度和形象特征往往会影响到它的吸引力。

餐饮空间设计

同时，餐饮企业无论从经营内容、方式、菜品质量、服务、室内外装潢等方面，还是在选址上都应具有明显的突出的形象特征。这对坐落在竞争激烈的商业中心的餐厅尤为重要，因为良好、健康的外部形象特征会为整个餐饮企业对顾客的吸引力加分。

2. 门面设计

与平面设计中书籍或杂志的封面设计一样，餐厅的门面设计也很关键。顾客在选择餐厅时也会像选择一本书或一本杂志一样，如果他们喜欢门面，那么进入餐厅的概率就会大得多（图2-12）。要想在周边杂乱的视觉环境中脱颖而出，餐厅的门头设计就应该做到与其他店面与众不同，从而有别于竞争对手并在顾客的脑海里留下记忆。门面是餐厅转化为外部形象的直接展示，它是由门头、外墙、大门、外窗、户外照明系统等部分组成的。

（1）门头

门头和外墙的色调要考虑自然光，尤其是在阳光和室内灯光照射下以及装饰材料不同带来的差异。在外立面配色的选择上可以选用同色系的色调，也可选用不同色系的色调。一般以明度较高的色调为好，因为这样能使餐厅显得清洁、干净、明快。当然，在一些需要强调个性的餐厅外立面，也可以根据现场的实际情况使用富有个性的色调。但始终需要注意的是，在设计配色时，在保证与周边环境取得和谐的同时，应尽量突出餐厅的外观形象，这是为门头设计的第一要务。

由于建筑外观向潜在的顾客传达着餐厅类型的相关信息，因此，门头的结构最好结合餐厅原有的建筑结构进行设计，这样可以大大减少装修费用，并且在外部形象的处理上也易与原建筑整体保持协调。例如，在中式餐厅的门头设计中，可以选择采用具有传统风格的斗拱、飞檐等结构，比较高档的可以使用琉璃瓦，以便通过材料的使用突出餐厅的档次（图2-13）。而对于中小型餐厅而言，由于门面相对较小，门头装饰材料最好不用玻璃，这样反而会显得不够大气。在连锁性质的餐厅设计中，把可识别的设计元素融入其中，如麦当劳的金色拱门，这样，即使顾客不看招牌也知道是哪家餐厅。

（2）外墙

虽然与原有建筑风格保持一致的设计关系会取得较好的外观视觉效果，然而，也应该看到，对建筑风格的依赖会制约日后连锁型餐厅建筑的灵活性。另外，如果不保护建筑风格，可能就会被人抄袭。结合所有外部元素的结构，再配合内部的布局、设计、菜单、餐馆的商业外观也要像版权一样，得到应有的保护。目前，我国还没有建立专门的对商业外观进行规制的法律，商业外观的范围十分宽泛，根据我国现行的知识产权和法律体系，凡是属于知识权法律体系中的，就应当成为知识产权保护的客体，对于未被纳入这些知识产权特别保护的，则主要援引不正当竞争法予以保护。

2-12 洛杉矶Opaline餐厅的门面设计低调而沉稳
2-13 具有传统中式建筑风格的门头

（3）大门

在大门的选择上，一定要注意选择与门头风格相匹配的样式。一般情况下，可以根据尺度选择采用现成的型材。但在多数情况下，大门也需要进行合理的设计，特别是对于那些想强调个性的餐厅而言，大门的成功设计是整个门面设计中占比重较大的一环（图2-14）。

（4）外窗

餐厅是一种提供公众服务和彼此交流的场所，大玻璃窗的合理使用无疑是最有效地实现这种视觉交流的材料。顾客透过干净明亮的玻璃，可以看到餐厅的内部设计和卫生状况以及就餐人数等，这样可以更加具体地让人体验到室内的情景。需要注意的是，玻璃窗在外立面材料使用过程中所占比重要适量控制，这是因为安装玻璃窗会有以下一些不利因素：首先是保温性能不好，冬冷夏热；其次，普通玻璃的安全性能不好，可考虑选择加厚的钢化玻璃，但这样一来，无疑又会增加餐馆整体装修的成本预算。

（5）户外照明

餐厅营业时间除了白天以外，夜晚也是一个很重要的时间段，特别是逢周末或节假日的夜晚，这往往是顾客选择外出就餐的集中时间。因此，对于餐馆而言，选用合适的光源进行装饰是必不可少的。目前，为餐馆提供的户外照明系统主要以下几种，如表2-2所示。

表2-2 户外照明系统的主要类型及照明方式

射灯	分为店招照明和门面照明。店招照明目前一般使用喷绘技术制作底板，日间和夜间效果基本一致。夜间照明通过射灯显示，并可通过在射灯光源前加装有色片，制造出与日间不同的效果
透光型灯箱	使用透光板等专用的透光材料做面板，按照设计的需求进行制作；使用金属材料做框架；一般用日光灯做光源
字形灯箱	使用有机玻璃做面板，按照餐馆招牌的每个字制作一个灯箱。有机玻璃常用的颜色有白色、黄色、红色、橙色等，特别是红、橙色使用得较多，因为这两种颜色不但白天显得比较美观，对人有刺激食欲的作用，而且光波穿透力强、传播远，在夜间也能取得不错的效果
霓虹灯	一般使用霓虹灯管做光源，将其制作成各种图案和文字，并可通过控制器按照一定的规律变化。但目前越来越多的餐馆外立面较少采用这种方式了，因为如果处理不当，容易使整个门面显得很花哨

3. 招牌与户外广告

招牌与户外广告是餐厅外观设计中相当重要的组成部分，值得单独考虑。通常它是一个企业的标识，好的招牌好比是生活中的名牌产品，它对人们的心理有一种潜移默化的作用，因为人们在很多时候都倾向于选择那些很有名望、颇具吸引力的品牌产品。招牌也是最易识别的外观元素，它作为餐厅的标志可以吸引人们的注意力并在他们头脑中留下深刻印象。餐厅有一个颇具吸引力的招牌，将会使顾客对餐厅的印象更为深刻。尤其在购物广场或美食街，招牌可以非常有效地吸引眼球（图2-15）。

2-14 属于新中式风格的中餐厅大门设计，用一定的现代材料表现传统大门样式
2-15 属于新中式风格的中餐厅大门设计，把招牌和门头进行了统一设计，显得既大气又素雅

（1）招牌的可识别性

招牌应具有独特的可识别性。招牌的设计宜突出特点，能吸引人的注意力，烘托出餐厅的饮食氛围。但要注意的是对于街道两旁的餐厅来说，招牌的可识别性对那些开车经过的潜在客户是极其重要的，因为他们只有几秒钟的时间去注意并对此做出相应的反应。此外，招牌的字体应该反映餐厅的类型，以便提示顾客这是个什么样的餐厅。所以，不论是哪种类型的餐厅，容易辨识的字体也是极其重要的。

（2）招牌的广告效应

餐厅的招牌应和经营内容、经营特色相协调，不应有表面冲突，如果是快餐厅，就应尽量突出快餐厅快节奏的特色；而对于民族风情餐厅而言，招牌就要突出民族的风格特色。如果不能做到这一点，会让顾客感到空有其表，甚至可能还会产生一种上当的感觉。此外，招牌的设计还要符合市容、市貌等规定。这就要求制作的招牌不能影响市容市貌，应配合城镇规划建设，与周围的环境、建筑物相协调。

（3）招牌与户外广告的结合

有时候，设计鲜明、独特且具有一定文化内涵的招牌也可以与户外广告融合在一起，这在顾客形成对餐厅的第一印象方面起着重要作用。虽然在大多数情况下，户外广告常交付专业的广告公司设计完成，但也可以与招牌设计相协调以便更好地传达信息。在户外广告与招牌的协调上要注意色彩、形状和外观的不同效果（图2-16）。

4. 园林景观

餐厅形成的外部环境和周围景观是否清洁、整齐、富有特色，将直接影响到顾客对餐厅的初始印象。目前，国内大多数餐厅由于受场地和周边环境的约束，并不能在餐厅户外的园林景观做过多的文章，所以许多餐厅外放置美观的花木，以达到美化外部环境的效果。

对于一家相对独立的餐厅，顾客不但会注意餐厅的建筑本身，而且跟建筑物的门面和招牌一样，其园林景观也会引起顾客关注，因为这会提示这是一家什么类型的餐厅。经过精心设计过的景观会让来此就餐的顾客觉得这里是一家高档、具有品位的餐厅。

园林景观在餐饮外部环境中的功能特征主要概括为以下几点。

（1）实用性

实用性体现在满足游客的餐饮需求，这是园林景观的最基本功能。然而随着经济的高速发展和人们生活水平的快速提高，人们的饮食观念和饮食行为也发生了很大变化，饮食从充饥型转向了享受型和休闲型，而仅仅让顾客果腹充饥、毫无特色的餐饮环境已经不能满足人们的饮食需求了。

（2）休闲性

休闲性就是说餐厅不仅要满足顾客物质的需求，还要提供精神的享受。人们到餐厅消费是为了品尝美食，享受优良的服务、舒适温馨的环境，使身心得以放松，获得休闲感。

（3）观景性

园林景观作为餐厅的一个重要组成部分，其本身就是公园或风景区中的一个造景要素，自然成为人们观赏的对象。所以其造型、风格与景区整体风格之间的协调非常重要，一个精致的园林景观甚至可以成为餐厅的核心观景。

例如江苏无锡的惠泉酒坊餐厅就很好地说明了餐饮类园林建筑的四个功能特征（图2-17）。

2-16 西安的长安大牌档位于雁塔区小寨赛格国际购物中心6楼西北角，其鲜明的传统灯笼形象醒目地标示出餐厅的位置，给来往的顾客留下深刻的印象

2-17 江苏无锡的惠泉酒坊餐厅，经过精心设计的餐厅外部园林景观，使顾客能得到自然舒适的就餐体验

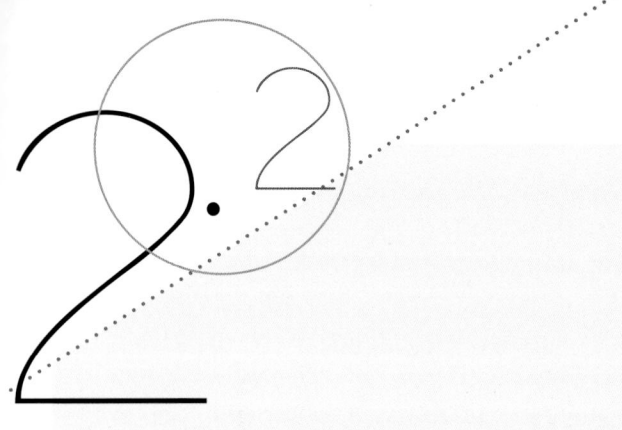

2.2 室内空间功能分析

餐厅设计是多种功能空间形态的组合,因此要对各种餐饮功能空间巧妙组合,使其形态组合富于层次变化。室内空间规划以餐厅各个功能分区的规划为开端。它不包括餐椅或配饰品以及任何陈设物品,而是由组成整个前厅和后厨的所有空间区域构成。室内的功能布局,既要满足各功能空间的特性,又要保证其相互协调。要从顾客、经营者、服务人员的需要出发,考虑空间尺度与整体空间面积的协调,以及顾客与员工服务流程的便捷合理。在满足功能性的同时,满足顾客从进入到入座就餐,最后走出餐厅的各种身心需求,让人舒适而愉悦。

从现代主义设计的观点来看,空间的使用功能总是占据主导地位,空间的艺术形式要从属于使用功能。顾客选择一个餐厅就餐,首先是为了品尝各种风味的美食,从具有色、香、味、形的菜肴中获取营养来满足生理上的需要,其次才可能关注到它的装修和装饰,才能进一步体会到室内环境氛围的营造,这也符合人的从生理到心理,循序渐进的逻辑过程。如果一开始对餐厅的功能把握得越细致、设计越合理,日后的经营就越有保障。

现代餐饮空间是由多个功能区域所组成的营业场所,它的各部分功能区域配置要服从于餐饮空间经营内容和管理的要求。餐饮空间按其经营内容、性质、方式等的不同,可划分为各种不同类型的餐饮空间,其平面布局、空间组织与划分的处理方式就会截然不同,所应包含的功能要求、分区面积及面积配比也会各不相同。这些因素不论对于空间的整体布局还是局部处理,都会产生决定性的影响。但是,无论哪种类型的餐厅,从空间的功能构成上都可简单划分为前厅与后厨两部分。前厅是面向顾客,供顾客直接使用的场所,如门厅、接待厅、散座、包间、洗手间等;而后厨则是面向经营人员、厨房人员及服务人员的场所,如厨房、办公室、储藏室、更衣室等。前厅与后厨的关键衔接点是备餐间,这是将厨房加工好的主副食递往前厅的交接点。因此,分别从顾客与管理的角度来规划功能区域,餐饮空间的前厅和后厨又可细分为公共区、就餐区、厨房区、酒水区和后勤区。

2.2.1 公共区

公共区是顾客与服务人员共同使用的区域,属于餐厅的前厅部分。从顾客与餐饮经营服务的角度来说,它包括入口区、接待服务区、候餐区、通道区与洗手间等功能区域。其中入口区、前厅服务区、候餐区具备引导、接待顾客的功能,是顾客进入餐厅后所接触到的第一个区域,也是对室内整体感受的第一个过程,因此这个区块各部分的配合要具备完善的功能、合理的容量、便捷的人流组织。

1. 入口区

餐厅的入口区是从顾客步入餐厅的地方开始,即从室外到室内的过渡空间。如果说餐厅室外的整体形象能够给来此就餐的顾客留下第一印象,那么,下一步对室内空间的感受将从顾客通过前门并进入入口区时产生。

入口区是一个过渡空间、场所,而不是简单的设施、门或者门洞,它是整个空间的重要组成部分,扮演着故事开始和结束的角色。餐厅入口区的设计除了有助于顾客进入时保持井然有序,满足基本的空间过渡、顺畅地流动功能外,还能体现自身特色。因此,餐厅的入口区设计无论在材料、色彩、造型等方面都要满足功能需要,又要具备形式美感,突出个性和特色,使形式和内容完美结合(图2-18)。

(1)入口空间序列

从空间的节奏和序列对顾客的心理影响来说,入口区是让顾客体验到从室外到餐厅内部空间的过渡区域,这就需要在大门和前厅服务区之间设立小型的玄关——入口门厅,这样顾客在正式进入餐厅前能够有个短暂的缓冲空间(图2-19)。然而,很多餐厅的入口门厅空间没有或者过于狭小,导致顾客不能进行短暂的停留或致使进出餐馆的顾客在此产生拥堵现象。很多餐厅为了营业额,会最

2-18 江苏无锡伴山惠馆的入口门厅采取了对称设计，显得庄重典雅
2-19 江苏无锡江阴刘家大院餐厅的入口门厅向内延伸，通过灯光、木门以及天花和地面的材质共同营造出明确的空间序列感

大化利用空间，有时往往宁可牺牲入口门厅的公共空间，也在此摆放就餐桌椅，完全以功能为主，较少从空间角度考虑就餐人群的视觉与心理需求。久而久之，势必会对来此就餐的顾客造成不好的心理感受，反而容易导致这些区域缺少吸引力，上座率不高的情况出现。尽管宽阔舒适的入口门厅可能会占用餐厅的营业面积，但从长远的角度来看，是利大于弊的。

入口区的形式各种各样，餐厅是依附于建筑物的内部空间还是独立的建筑，入口形式是决定因素之一。有时候，气候和天气还有其他一些因素也能影响到餐厅的入口外观，需要考虑到这些对于顾客舒适度的影响。因此，入口门厅的设计应具备温度、光照、声音这三种自然和物理环境因素的调节作用。

（2）温度对入口设计的影响

从温度这一环境因素的角度讲，入口门厅的气温应在合理的范围之内，以使顾客在进入餐厅后感到舒适。比如在寒冷的气候条件下，特别是在北方，由于冬天风沙大，气温低，为了避免暖气流失和风沙的干扰，餐厅的入口门厅可考虑设置双层门或防风门斗，以形成空气隔离带，使进门的顾客不会感觉冷。此外，门的结构和材质也会影响到顾客的心理感知。例如双开的玻璃门会让顾客感觉清洁明快，也易于看到餐厅室内的营业状况，正在就餐的顾客则可以看到餐厅外面的情景，而精心设计的木门则会让顾客心理上有一种温馨感。

（3）光照对入口设计的影响

在光照方面，入口门厅处的室内光线要根据室外光线进行调节，比如顾客从耀眼的阳光下走进餐厅的内部空间时，由于光线强度的不同，顾客会觉得很不舒适，甚至是暂时看不清楚。尤其是对于上了年纪的顾客来说，这会是一个比较麻烦的问题，因为他们要花费较长的时间来适应光线的转换。因此，入口门厅处的人工光照应具备一定的调节能力，达到缓冲的作用。

（4）声音对入口设计的影响

在声音方面，由于入口门厅是进出顾客及等候顾客的集散地，聚集的顾客较多，所以此处的声音也必须得到控制，应使气氛热闹而又不至于嘈杂，设计时可考虑在天花和地面使用隔音或消音的材料。

2. 衣帽存放区

（1）位置

从使用功能的角度上讲，衣帽存放区一般要设置在入口区内，这样方便顾客存放他们不希望带到餐桌上的物品，如包裹、衣物、雨具等。在小型餐饮店和快餐店中，出于经营特点和营利性的考虑，一般不设置衣帽区。而在

2-20 具备临时存放衣物的餐厅收银台，特别是在冬季时，可以方便就餐顾客将衣物放在这里由餐厅代为保管
2-21 快餐厅中具备点餐功能并能提供酒水服务的前厅服务区，这个区域负责完成顾客从咨询到点餐，直至结账的全过程

以正餐为主的高级餐厅中通常设有衣帽区，会有专门的服务人员进行服务，这在位于商业区的餐饮经营场所中显得十分有必要。此外，价格昂贵的衣物需要有人看护，还要确保服务员可以看到整个衣帽间以防偷盗。如果没有服务员在衣帽区服务，那么它应设计成几个顾客可以同时使用的空间，例如采取自助式的储物柜的形式（图2-20）。

（2）不同场地的衣帽间设计

在购物广场的购物者通常是满载所购物品再去美食街，当他们走进餐厅时，往往会拎着许多东西，手中的物品可能会限制他们的购买力，因为他们的双手都是物品。而如果设有衣帽存放区，顾客的负担就能减轻从而增加消费。另外值得关注的一个例子是高校食堂，目前大部分高校食堂的入口区都没有设置衣帽存放间，可能是考虑到管理成本以及因此带来不必要的麻烦。如果在入口区有一个能够受到视频监控的衣帽存放区的话，这将会大受学生欢迎的，因为除了存放衣物和书本外，物品寄存处或是方格储物柜也能很方便地储存一些临时需要寄放的物品。特别是对于那些偏爱打包食物的学生来说，他们在存完物品后，两手空空，就能便利地购买额外的食品。而对于偏爱在食堂坐下就餐的学生来说，其数量将会增加，因为椅子上将不会再出现占用就餐席位的衣物或书本。

（3）衣帽区的面积配比

另外，不设置衣帽存放区也会对就餐区产生一些影响，因为没有供顾客临时储存物品的地方，特别是秋冬季节，他们可能会将外套挂在椅子的靠背上或将物品放到其他座位上，影响其他餐位的使用，也会降低餐馆的整体格调，破坏精心的设计，并对穿梭于服务通道的服务员及路过此桌的顾客造成阻碍。但是，衣帽区属于非营利性区域，设置区域过大会直接影响餐厅的盈利，过小无法满足顾客的使用需求。所以，衣帽区的尺度容量应结合就餐座位数进行考虑，与就餐区的面积配比上取得均衡。另外一种可供操作的方法是尝试从管理的角度去解决尺度容量问题，如将就餐顾客划分为普通顾客与VIP顾客，提供VIP顾客单独的存放处，满足其更多的心理需求，保证盈利的固定性。

3. 前厅服务区

（1）基本功能

前厅服务区是餐厅服务人员集中为顾客提供餐饮服务的区域。根据经营内容的不同，服务区所包含的功能和形式也有所差异。一般来说，大多数的餐厅都设有接待服务区，只是有些把接待和点餐、收银服务分开了。从功能上来说，这个区域应该具备展示餐厅形象、提供点餐服务、接收和传递顾客信息、陈列餐饮商品、结账收银等功能。服务区一般配置有计算机、账单、电脑收银机、电话及对讲系统、订座电话、电脑订餐系统、订餐记录簿等（图2-21）。

（2）附加功能

此外，还可考虑将简单的饮品加工功能规置于此区域中，如酒水的加温与冷冻处理，以此来避免后台过多的加工内容及信息交流，提升整体的服务效率和品质。酒吧间除了供应顾客饮料、茶水、水果、烟、酒等，一般还有专门的操作台、冰柜、陈列柜、酒架、杯架等（图2-22）。

（3）前厅服务区的细节设计

从顾客需求的角度出发，在以快餐为主的小型餐饮店中，通常可以由接待区直接引导顾客到点餐台。订餐台或就餐区应设置在顾客一进门就可以看见的地方，否则顾客可能会分不清方向。而在以正餐为主的中、西餐厅中，就餐的社交活动远大于填饱肚子的目的，因此，顾客希望从入口区到就餐区有所过渡、缓冲，以满足社交活动的心理需求。同时，顾客在进入餐厅后还期望受到接待并被引导入座。

另外，一些中、小型餐厅的服务台还提供临时贮存顾客物品的功能。因此从平面布局上来说，服务区的位置应靠近入口门厅，与餐饮区相邻，并与后台保持紧密联系，以利于顾客信息的传达，且其造型布局、装饰陈设、灯光色彩等均应体现出餐厅的经营特色，吸引顾客的兴趣，使他们对室内环境有先入为主的印象（图2-23）。此外，以正餐为主的中、西餐厅的服务台尺寸、体积不宜过大，因为大多数顾客不会去服务台点餐或结账，过大的服务台只会占取较多的营业面积，影响餐厅的盈利。而自助式餐厅的前厅服务区也很重要，因为自助式餐厅没有服务生提供点菜服务，所以，前厅服务区就应该配备菜品的基本信息、价格等，并为顾客提供选择食物的参考建议或地图，同时，服务区也应有吸管、纸巾、餐具等一些基本配置。

4. 候餐区

（1）候餐区的基本功能

候餐区是顾客等候就餐和餐后休息的区域。我们经常会碰到这样的情景：餐厅人多没有位置，也找不到可以休息等待的场所，入口处和走廊往往十分拥挤杂乱，一方面影响了等待就餐的人的心情，另一方面也让正在就餐的人感到焦躁不安，影响就餐心情和效果。所以，在一些人流量大的餐饮空间，比如烧烤店、火锅店、自助餐厅，必须安排一定的区域用来接待顾客，而且把此区域遮挡在就餐顾客的视野范围之外，最好再安排一些报纸或时尚杂志，让顾客转移注意力，安静地等待（图2-24）。

（2）影响因素

在一些综合餐厅，特别是一些面向大众性的餐厅，即便是之前早已预定，有时也需要等座。这就需要设置一个舒适的候餐空间。一般快餐厅不设置候餐区，入口门厅直接通向点餐台，方便顾客，节约时间，以体现快餐厅"快"的特点，而以正餐为主的中、西餐厅一般都设有候餐区。

根据经营规模和服务档次的不同，候餐区的设计处理有较大区别，经营规模和服务档次较低的餐饮场所，出于营业面积及营利性的需要，一般将候餐区的功能规置于入口门厅中，简易地布置一些沙发、座椅、茶几供顾客休息等候，不单独设置候餐区域的划分；而经营规模和服务档次较高的餐饮场所，候餐区则会从入口门厅中划分出来，单独设置一块相对独立的区域，或设在包间内，有电视、音乐、阅读、茶水等，强调其功能性并布置体现餐厅主题和文化内涵的装饰陈设品或室内景观（图2-25）。

多数情况下，位于商业区中的较大规模的餐饮经营场所由于就餐人流量大，为避免就餐顾客、候餐顾客及离去顾客在入口门厅中交会，影响交通流线组织，所以候餐区须从入口门厅中划分出来，单独作为一个区域进行处理，

2-22 酒吧间的前厅服务区以提供酒和饮料为主，也有少量的冷餐，展示区除了摆放酒水外，还有各种酒具及相关设备

2-23 以圆弧为主要造型的前厅服务区，通过木质材质和温暖的灯光效果吸引顾客的眼球

2-24 日本东京皇宫酒店餐厅的候餐区，与服务区毗邻，顾客可以在此做短暂的停留和休息，放松心情

2-25 利用中厅空间设置的候餐区，简洁而不失雅致　　2-26 江苏无锡惠泉酒坊的公共通道，从照片可以看到通道区和其他功能区域的关系

2-27 澳大利亚悉尼的original餐厅，可以看出通道区和就餐区的关系以及立面材质的细节变化

并保持与入口门厅、就餐区的联系，这样做的目的一是将就餐顾客进行分流，二是保证候餐的顾客可以及时进入餐饮区进行就餐。

（3）面积考虑及细节设计

由于候餐区属于非营利性区域，因此划分区域的尺度和容量应与入口门厅一样，应根据上座率的情况进行统筹考虑，并且应从功能上考虑提升餐饮区的盈利，如在候餐区设置当日主打菜系、特惠套餐及菜品预览处，使顾客在等候时就可提前了解菜品，缩短点菜时间，从而提升餐桌的使用频率。同时，还可放置一些酒类、饮料、餐具等餐饮附属品，以刺激顾客的潜在消费需求。如在中式茶室的设计中，候餐区可设置一些副食糕点柜、精品茶具及茶点等，以吸引顾客消费，促进餐厅盈利。此外，餐饮业主还可以通过和某家品牌家具业主进行合作，把符合餐厅氛围的产品集中在此区域进行展示，这样既可以销售产品，又可以作为候餐区的环境装饰，是一种双赢的模式。

5. 通道区

通道在餐厅室内起着联结各个区域的功能，如果路径设计不合理容易导致室内交通拥堵，或是由此造成各功能区之间联系不紧密甚至是空间浪费，这将对营业造成不利影响。设计合理的通道关系是提高空间使用率，进而提高餐厅服务效率的有效途径（图2-26）。

（1）从顾客角度考虑通道设计

从顾客的角度看，餐厅室内有很多空间关系是很重要的，比如就餐区到洗手间之间的距离，如果洗手间在通道的尽头甚至位于另外一层的话，会给顾客的使用造成很大困扰。洗手间与就餐区相邻而又相对隐蔽，那么顾客到洗手间的距离和经由路线就会变得相对简短和便捷。

（2）从服务人员角度考虑通道设计

从服务人员的角度来说，厨房到就餐区每个餐桌的距离是很重要的，因为这与服务人员从后厨传菜到前厅就餐区的效率息息相关（图2-27）。如果厨房与就餐区不

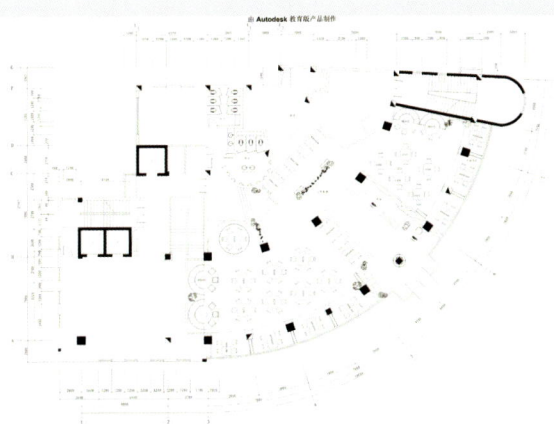

2-28 面对多层就餐空间时,有必要在备餐区附近设置内部专用的传菜垂直电梯,这样不论厨房位于哪层,都能便捷地进行传菜服务,同时大大提高传菜效率

2-29 湖南衡阳神龙百度大酒店餐厅的平面布局图,从图中可以看到就餐区与公共区的通道比较紧凑

2-30 福建厦门八方馔餐厅的通道区采用现代材料表现类似传统中国屏风的效果,在特定的角度能够形成一幅完整的水墨画,增强了空间的趣味性,也体现了一定的意境

在同一楼层,特别是走在湿滑的楼梯台阶上,服务人员的传菜工作就会出现一定的安全隐患,传菜效率同时也会受到影响。传菜过程如果经过顾客使用的楼梯间会对就餐人流产生较大的干扰,所以,设计多层餐饮空间时,有必要在备餐区附近设置内部专用的服务楼梯或小型电梯(图2-28)。

(3)从实际使用功能角度考虑通道设计

从实际使用功能的角度讲,大多数餐厅的平面规划,连接就餐区与公用区的通道都比较紧凑。这样做的意义一是缩短就餐路径,便于进入餐厅的顾客和等候的顾客及时用餐;二是促进信息交流,利于服务人员及时向候餐顾客传递餐位信息,提升服务效率和品质;三是避免流线交叉,顾客在用餐完毕后可在前厅的服务区与亲友寒暄,或在结账后不经其他区域直接离开,避免路线的迂回,防止流线交叉带来的不便(图2-29)。对于休闲餐饮类空间来说,就餐区与入口区、候餐区之间一般会设置较长的走道来进行连接,以体现特定餐饮空间经营的特点,因为这段通道周边的公共空间通常可以成为集中体现主题设计的区域。例如在中式茶室的设计中,为了体现品茶的幽静氛围,品茶区与入口门厅之间并不直接相连,而是通过精心装饰和陈设布景的走道或回廊来进行连接,酝酿情绪,使之具有"曲径通幽"的意境(图2-30)。

(4)通道与其他区域的关系

从通道区与其他区域的关系来分析,在餐厅的前厅,服务人员的行为必定和就餐人群产生一定的交叉,如导引、点菜、传菜等服务,这属于通道区的合理性交叉。然而,餐饮空间还存在着一些不合理交叉,如服务人员与就餐人群共用卫生间、服务人员在就餐区临时休息或进餐、传菜服务经过顾客使用的楼梯间等,这些本应在后厨区完成的行为却出现在了前厅,与就餐人群活动产生了多余的交叉,这些交叉不仅阻碍顾客的正常活动,也会对就餐人群的心理情绪造成负面影响。因此,在设计之初,针对平面图纸,要对客流量、客流方向以及服务人员的流向做大致的预案(图2-31)。在考虑通道区与其他区域关系时,就餐者与员工交叉的通道上应将空间流动保持最小化。如果在设计时由于受其他方面的因素制约而实在无法

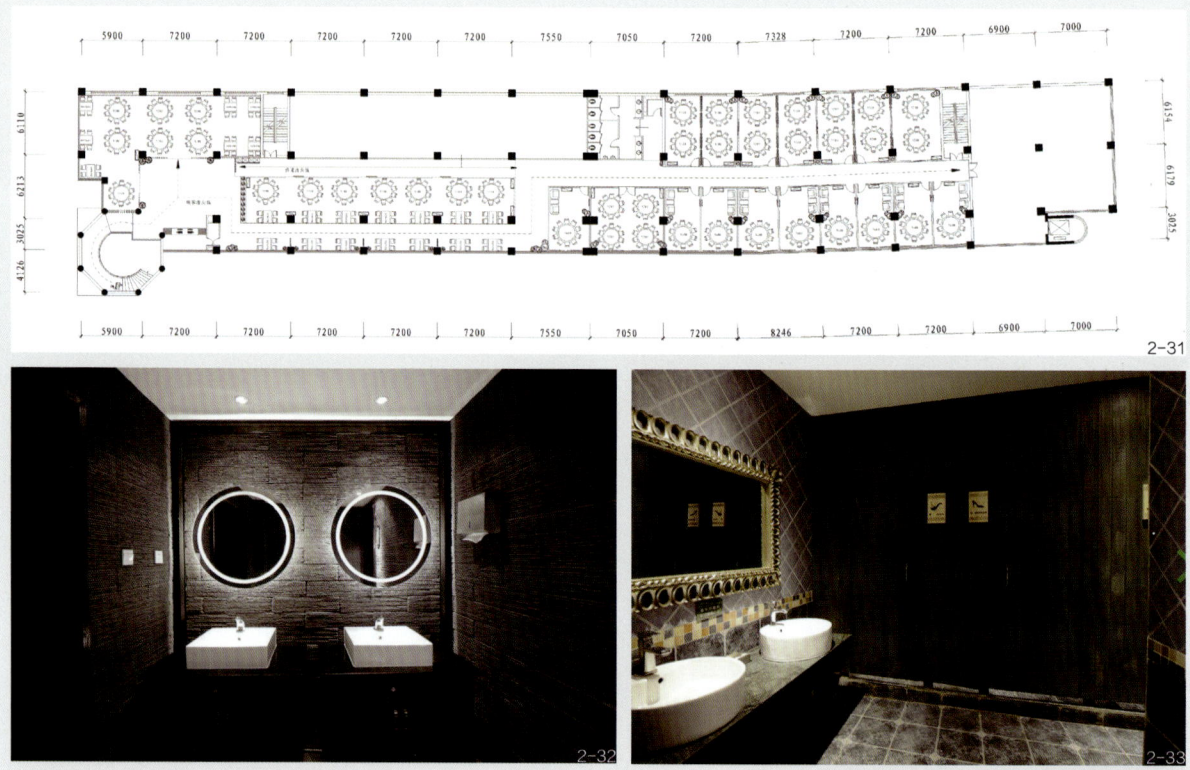

2-31 湖南衡阳一家食府餐厅的二层平面布置图，在设计之初就针对平面图纸对客流动向和服务员传菜的流向做了大致的预案分析

2-32 新疆乌鲁木齐的精膳坊的洗手间设计得沉稳内敛，体现了餐厅的品质

2-33 新疆乌鲁木齐的竹溪一号美食餐厅的洗手间男女独立标识比较醒目，通过图形化的语言传递信息

避免重叠时，通道的宽度应该要更宽敞些。

6. 洗手间

在餐厅空间构成中，洗手间是餐厅的组成部分，它虽然不像就餐区、厨房那样重要，但又是必不可少的空间部分，对于大多数顾客而言，到餐厅用餐都可能用到洗手间，但洗手间的设计往往被忽视。随着人们对餐饮环境、氛围的不断重视，对洗手间也提出了更多的功能要求，而不再是当做餐厅的附属区域进行简单处理。餐厅洗手间的廉价投入和设计得不合理常常导致洗手间的空间脏、乱、差，使前来就餐的消费者在使用了该餐厅的洗手间之后影响食欲和心情，从而加深对餐厅的不良印象。因此，洗手间设计得好坏已成为衡量餐厅声誉、档次的关键部分之一，如果能有干净漂亮的洗手间贯穿于餐厅的设计方案中，便能反映出餐厅体贴于人的服务态度（图2-32）。

（1）洗手间的规模

洗手间的规模取决于餐厅的规模。一般情况下，独立经营的餐厅无论其规模大小都应该设置洗手间。但一些小型餐厅，限于经营面积的考虑，一般不设洗手间或在前厅设置服务人员与顾客合用的洗手间，出于长远经营的考虑，这种做法是不提倡的。

（2）洗手间的布局

从整体的平面布局来看，对于洗手间的设置，其出入口位置要相对隐蔽，避免就餐的顾客直接看到，影响就餐心情，可以考虑设在靠近餐饮区的边角部位或隐蔽部位；同时又要使位置明确，便于顾客寻找。所以，处理好这对矛盾是解决就餐区与洗手间关系的重点，可考虑通过完善的室内标识的方法来定位洗手间，解决此类矛盾。室内标识的设计可以采用图案、文字或图案与文字相结合的方式，但总体上要遵循指示明确、醒目美观的原则，还要与餐厅的就餐环境相一致，突出个性化的特点（图2-33）。此外，洗手间的出入口应避免与备餐间的出入口靠得太近，以免与主要服务流动线形成交叉，影响服务效率和品质。

2-34 北京四季酒店餐厅洗手间通过摆放插花、香薰炉、纸巾等一些物件,来体现餐厅服务水平和档次

(3)洗手间的细节设计

从使用功能的角度讲,一般而言,在考虑餐厅洗手间的设计时,首先要注意洗手间的数量与客席的密切联系。据国际餐饮协会统计,平均每位女士去一次洗手间要花费8到10分钟,男士平均要花4分钟。这个数据对洗手间的设计有一定的参考价值,一般客席在100左右的店,在男洗手间配两个蹲便器和一个大便器,而在女洗手间则需配两个蹲便器再加化妆区,洗手池和化妆区上方可安装质地较好的镜子,确保无失真现象,并且要干净光亮。如果在入口处开阔地带设置一面全身镜的话,更能体现服务的周到。在空间允许的情况下,可以考虑将洗手盆单独设置在卫生间外,使顾客洗手更方便,并且洗手盆前应留有足够的空间,不要与卫生间出入口靠得太近,以免在此造成交通拥挤。此外,还要考虑设计残疾人专用洗手间。洗手间的用材、色彩、灯光、陈设等方面也不容忽视,其地面用材一般采用防滑材料较多,洗手台面用易清洁的装饰材料,瓷砖、乙烯基面以及其他一些既实用又美观的材料,干净整洁的洗手间可使顾客感到舒服,同时又为清洁人员降低了工作量。

另外,服务人员使用的洗手间与顾客使用的洗手间要分开设置,不能合用。按照餐饮建筑设计规范的要求,厨房附近需要设置服务人员专用洗手间。但很多中小型餐厅均为改造项目,业主为了达到就餐区域最大化的目的,往往压缩后厨功能区的面积,从而导致无法设置内部洗手间。因而,在规划餐饮空间的功能分区时,要适当扩大后厨功能区的面积,提前预留内部卫生间的位置,避免共用卫生间现象的发生。服务人员使用洗手间的位置应位于后厨区域较隐蔽的地方,而顾客用洗手间应靠近就餐区并有所分隔。

洗手间还要解决好通、排风问题,除自然通风外,还应配备一定的换气设施。洗手间的排气扇应该足够强大以便产生负压力,从而吸入废气,由排气口排出。有些餐馆可能会选择空气清新剂或是固体香料,但这些都比不上清新的自然空气。除此之外,还可以提高洗手间的装饰性,如陈设和植物的摆放等,以削弱公共场所的氛围而给人以家的感觉,满足顾客更多的心理诉求(图2-34)。如果是为吸烟者提供的卫生间,最好有壁挂式烟灰缸,以保持地面清洁,防止丢弃的烟头引发火灾。这些举措都十分有必要,将使洗手间的功能更趋完善。

洗手间如果设计精致、完美,会成为餐厅的亮点,为整体效果增色。因此设计方案的每个细节都要经过深思熟虑,从全局出发,综合考虑。从顾客第一眼看到餐厅起到用餐结束离开的每一个细节都是整体设计的一个部分,不仅餐厅的细节设计会取得良好的效果,也对空间整体性的营造有所裨益。

2.2.2 就餐区

就餐区是餐厅空间的主体部分,也是餐厅的主要盈利

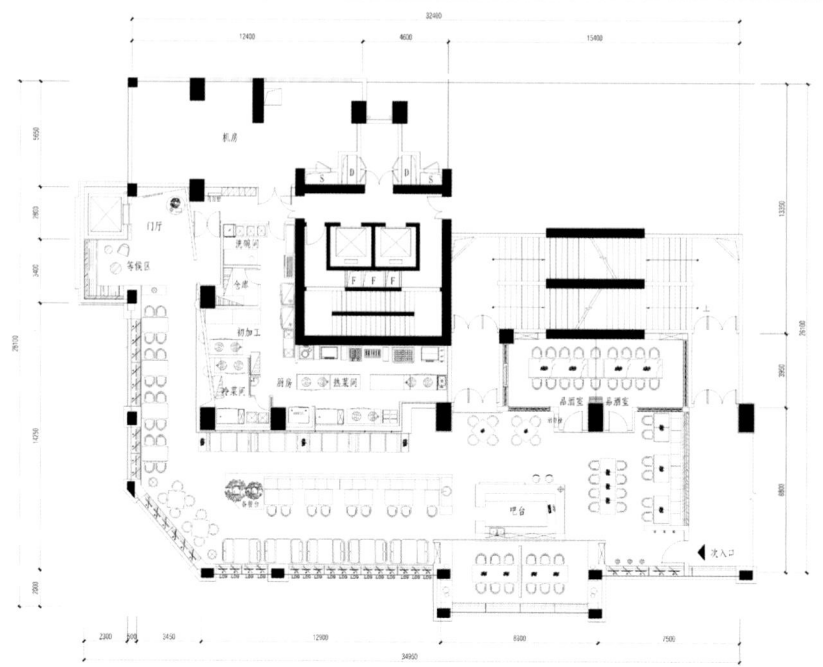

2-35 江苏无锡顶上牛排餐厅的平面布置图，从图中可以看出餐桌的排布形式基本上遵循建筑原始空间的形态

场所，属于前台区域，位于入口处的末端，并与厨房相关联。它是消费者体验用餐过程的场所，又是用餐顾客与服务人员的交会处，是各种流线、信息交接的纽带。就餐区包括座位、服务台、通风设备、音响以及光电和照明系统等，是餐厅主要营业的区域，直接产生利润之处，这个区域占据着餐厅总面积的大部分，也是顾客待的时间最长的地方，同时也是最能体现餐厅主题的地方。就餐区在设计时涉及餐厅室内空间的尺度、功能的分布规划、来往人流的交叉安排、家具的布置使用和环境气氛的舒适等诸多内容，因此是餐厅空间设计的重点。

在设计餐厅就餐空间时，要根据不同的功能需求和主题文化选择不同的空间形式。从整体上看，餐饮区作为前台部分的重心与公用区、厨房区及辅助区的关系既要有所分隔，又要保持一定的联系。此外，对地面或天花进行升高或降低处理有助于强化就餐区的界限。从局部上看，根据顾客用餐心理需求的不同，餐饮区一般可划分为散座、卡座、包间三种形式。对于主题文化的选择而言，如以日式文化为主题的餐饮空间，四张半席的小包间是一种小巧、宁静、亲密的就餐空间；而以现代时尚为主题的餐厅为了更好地突出主题思想，在空间设计上可打破一些常规空间形式，一些斜向、曲面及自由空间可增强空间的趣味性，使空间具有流动感、生命力，体现空间的无穷魅力。

1. 就餐区的空间布局

（1）就餐区的空间组织形式

由于就餐区是餐饮空间的重点功能区，是餐饮空间的经营主体区，从基本的使用功能角度出发，就餐区采用何种空间组织形式，这是需要重点考虑的内容。其空间的布置应能指引顾客和员工高效顺畅地来往于各个空间之间，且要主次分明，重点突出。空间布置要以顾客的无障碍流动和便捷使用为中心，而围绕着客席展开的服务设施和服务路线应紧凑、便捷，客人路线和服务路线尽量避免交叉设计，以免发生碰撞。在空间布置流线的同时要考虑餐椅的组合形式，以菱形的组合，还是以方形的组合，以规整的排列组合还是自由随意的无规则组合，是采用圆形桌、正方形桌、长条形桌还是椭圆形桌，这些都是在空间布局的时候必须要考虑的内容，那么到底采用何种组合布局形式，这要看就餐区空间的主题类型，空间的大小，空间原始图的特点来决定采用何种最佳的组合方式（图2-35）。

（2）就餐区的空间开合设计

就餐区的空间设计需结合功能做到开合有序：开即需要有开敞空间，开敞空间强调内、外环境的交流与渗透，讲究通过对景或借景与周围环境的融合；合即需要有半封闭空间，在就餐区不宜出现完全封闭的空间，而半封闭空

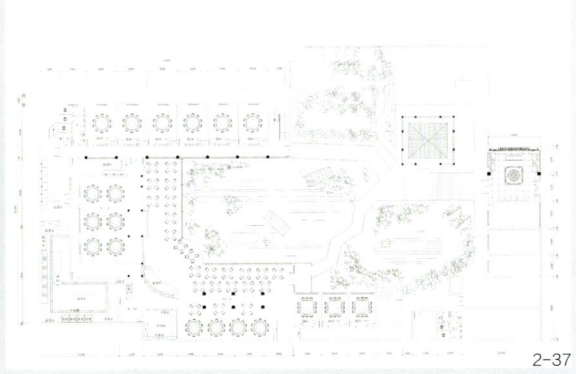
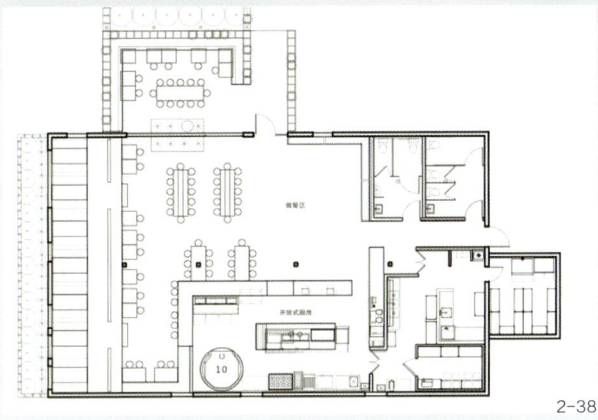

2-36 江苏无锡惠泉酒坊餐厅就餐区采取了木质隔断分隔空间的方式，形成隔而不断的特点，并在一定程度上保持了视线的通透性

2-37 大观园家常菜馆餐厅的平面布置图，从图中可以清晰地看到厨房位于左侧，并通过备餐区与就餐区进行连接

2-38 西餐厅常用到的平面布局类型，开放式厨房是常常被采用的形式，直接面向就餐区

间既能有效改变空间形态，丰富空间效果，又能满足就餐者寻求私密和安全位置的心理需求。就封闭手段来看，既可以用低矮的实体隔墙限定范围，也可以通过疏密相间的隔断围合，这种分而不断的封闭方式在适度隔离空间的同时，也能使空间变得流畅、生动（图2-36）。

（3）就餐区的空间组合

此外，在餐厅就餐空间的平面布局设计时，要注意静态空间和动态空间、固定空间和可变空间、实体空间和虚拟、心理空间的组合关系。空间的动静、虚实之感通过完善的平面布局可表现出来，在平面布局时应注意太过静态的布局，空间会显得呆板、单调，而一味地动态布局会使空间杂乱无章，缺乏秩序感和宁静感。因此布局要从整体着手，在局部上又要有变化，以求动静结合，有主有次的流动空间。

2. 就餐区与厨房区的关系

（1）就餐区与厨房区的平面布局关系

从平面布局的角度讲，就餐区作为前台的重心，厨房区作为后台的重心，两者之间应紧密相连，以此来缩短上菜距离和促进前、后台信息交流的即时性。因此根据餐厅经营内容的不同，就餐区与厨房区的平面布局一般分为两种形式：一是采用就餐区与厨房区相邻的方式，厨房区多采用封闭式厨房；二是以厨房区为中心，就餐区分布在其四周的方式，厨房区多采用开放式厨房。而当餐厅采用开放式厨房以吸引顾客的关注时，也分为两种情况：一是厨房的部分区域向顾客开放，其余内部加工区域仍封闭处理；二是将厨房的特色加工区域向顾客全部开放，如糕点制作区、冷食区等，但应与主厨保持一定的联系。由于厨房烹饪方式的不同，一般以经营中式菜肴为主的中餐厅大多采用第一种平面布局的形式，并通过备餐间与就餐区相联系（图2-37）；而以经营各类饮品为主的休闲餐厅与经营西式菜肴为主的西餐厅则常采用第二种平面布局的形式（图2-38）。显然，以上两种平面布局形式都有利于顾客的点餐信息和用餐需求及时、有效地传递到厨房，以便于后台人员的加工和处理；同时厨房的各种反馈信息也可以及时传递给顾客，以利于顾客调整所点菜品，进而加快点餐速度；后台烹饪好的菜肴可以快速、有效地呈送到顾客面前，保证菜肴的质量和卫生；顾客用餐中或用餐完

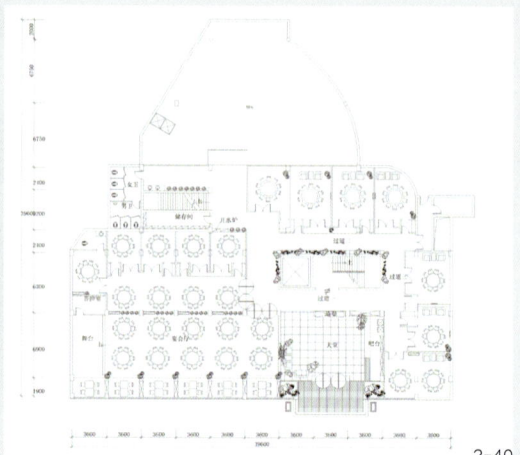

2-39 餐厅的包房备餐间，这是连接顾客和服务人员的服务区
2-40 湖南衡阳龙福轩餐厅的一层布置图，从图中可以看到几乎每个包间都有备餐间，这样便于服务员进行传菜工作，提高服务效率

毕后撤换的餐具也可以及时拿到后台进行清洗，提高餐饮区的整洁度。

（2）就餐区与备餐间的功能关系

另外从功能分析的角度讲，作为连接就餐区与厨房区的备餐间也应给予充分的重视，在小型的餐厅和快餐店中，由于就餐位数的限制和快餐经营的特点，可考虑不设置备餐间；而在中、大型的餐厅中，尤其是对于人流量较大的餐饮空间而言，设置备餐间十分有必要。备餐间是就餐区与厨房区的过渡空间，是两者之间物品和信息的中转站，顾客用餐前的餐具、酒水与菜单整理、用餐中的菜肴分类及用餐后的餐具移送至后台都在此进行处理。同时，它也是服务人员向顾客和厨房操作人员之间传递信息的场所（图2-39）。一些餐厅对于备餐间的设计和设施配备未给予足够重视，因此常出现服务不及时、端错菜的现象。这些现象的出现不仅影响服务效率，还对餐厅的声誉带来负面的影响。所以，备餐间作为就餐区和厨房区联系的桥梁，应设计在两者区域过渡的地带，这个位置既要是厨房出菜的必经之地，便于服务人员分菜和餐具整理，又应紧挨餐饮区，最有效地缩短传菜距离，方便起菜、停菜等，并且其布局应尽可能与传菜线路平行，这样有助于服务人员进行上菜，提高效率（图2-40）。

此外在不同的餐饮经营场所中，备餐间有其不同的表现形式，一般在中型的餐厅中设置备餐间，而在大型餐厅以及宴会厅中，为避免送餐路线过长，常在宴会厅的一侧设置备餐廊；若仅仅是单一功能的酒吧或茶室，备餐间又称为准备间或操作间。

3. 就餐区与辅助区的关系

辅助区主要包括一些附属的功能性用房，例如办公室、员工房、管理室等。就餐区与辅助区的关系与公共区、厨房区相比，其相邻性要弱一些，主要是就餐区与辅助区中办公室的关系要有所考虑，以便于经营管理人员对前台的各种反馈信息有所了解，以及在用餐高峰期对相关服务人员的调控处理，从而加强餐厅的经营管理。一般情况下，办公室的位置都会设在靠近厨房区并与就餐区有所联系的地带，以达到上述目的。而对于辅助区中其他区域，比如员工房等，则没有直接的联系，可以不进行过多考虑。另外，辅助区中的储藏室作为厨房加工区域的供给部分，它们之间具有密切的关联性，要处理好相互之间的关系。

4. 就餐区的3种座位布置形式

不同的餐饮空间由于经营内容、经营特点的不同，就餐区会有其不同的座位布置形式。但是从总体上来看，一般可划分为：散座、卡座、包间3种形式。

（1）散座

散座，是指布置在就餐区中，用以满足大量零散客人就餐需要的，有时也称之为零点餐厅。就餐单元之间的容量、尺度设置应考虑顾客就餐时的活动范围，以达到就餐时互不干扰的目的，毗邻主要服务通道间的就餐单元，其布置形式需结合服务人员的上菜线路、服务方式等因素（图2-41）。另外，在不同类型的餐饮空间中，散座区的布置有其不同的功能要求，在休闲类餐饮空间中，如茶室、

2-41 新疆乌鲁木齐竹溪一号美食餐厅的散座区，其布局较为松散自由，便于服务人员在服务通道进行操作

2-42 咖啡厅一般情况下将散座区设置在餐厅四周，顾客可以欣赏到中厅的钢琴弹奏和设计精美的景观

2-43 上海Mercato意大利海岸餐厅，在照片的左侧摆放着备餐台，可以提高就餐时的服务效率

2-44 西餐厅中强调就餐空间的相对私密性，但是又和周围保持一定的关联

咖啡厅等，一般均设有表演舞台，散座区应分布在其四周，以满足客人的观演需求（图2-42）；在以正餐为主的中式餐饮空间中，散座区每20~30个餐位需设置一个备餐柜，用于临时放菜、放酒水、换桌布，放置从餐桌上撤换的餐具等，其目的是提高服务效率及加快用餐高峰期间餐桌的重新布置（图2-43）；而在西式餐饮空间中，常将散座区布置在冷餐台四周，以便于各个餐位取食方便，这是由于西餐是以冷餐为主，散座区的布置需结合冷餐台布局进行考虑。此外，西餐在就餐时特别强调就餐时的私密性，散座区应设计为一个个独立而又有相互联系的就餐单元，营造私密的氛围（图2-44）。同时，对于设有开放式厨房的西式餐厅，可设置部分散座于厨房工作台四周，使得顾客可以一边用餐，一边观赏厨师的厨艺，提高用餐乐趣（图2-45）。

（2）卡座

卡座，亦称雅座、情侣座、车厢座等，用于满足情侣客人和部分散客就餐时"尽端趋向"的心理需求。卡座的表现形式有很多种，如使用高靠背的弧形、U形沙发，利用地台、隔断、软装饰等，形成半包围结构的就餐单元，从而营造出一种私密、幽雅的氛围（图2-46）。从平面布局上来看，卡座常分布于餐饮区的边角部位，一般布置在窗边，除具有私密性的特点外还兼具观景的作用。因此，卡座往往成为餐饮区中顾客较为青睐的用餐场所。针对卡座的这一特点，在西式与休闲类这一私密、幽雅的餐饮空间中，卡座的布置数量可根据顾客的需求适当增多，以迎合顾客的消费心理需求（图2-47）。而在中式餐饮空间中，由于中餐采用聚食制，就餐的顾客多为群体，为突出喜庆、热闹的氛围，满足散客需求的卡座数量可适当减少，以提高餐饮区的盈利率（图2-48）。

（3）包间

包间是指相对独立的封闭式区域，满足4人以上群体顾客的用餐需求，具有一定的私密性。对于小型餐厅、快

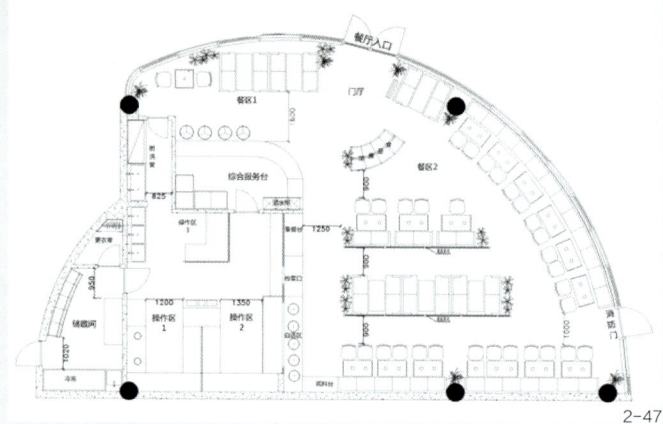
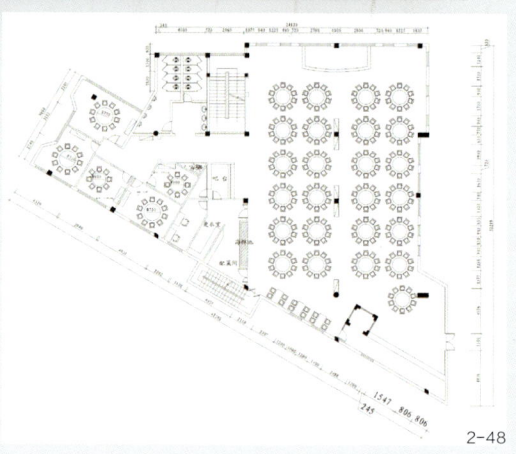

2-45 设有开放式厨房的西餐厅，顾客可以一边就餐，一边欣赏厨师的厨艺，增强了就餐的乐趣

2-46 江苏无锡惠泉酒坊餐厅的卡座区，通过木质通方进行分隔空间，在隔断的同时保持空间视线一定的通透性

2-47 由于西餐厅以相对安静的就餐环境为主，所以就餐区多以卡座的形式进行布置

2-48 中餐厅的大厅常设置圆桌面，符合围而聚餐的饮食习惯

餐店而言，由于其经营特点及用餐面积的限制，一般不设包间；而大中型餐厅，其包间的设置则相对完善，有普通包间与VIP包间之分。从内部使用功能的角度讲，普通包间除具有满足群体顾客用餐的基本功能外，还应具有放置物品、挂衣、会谈、休息、备餐等功能（图2-49）；而VIP包间更是将卫生间、备餐间、表演台等置于其中，最大限度地满足顾客需求，提升服务品质和用餐氛围（图2-50）。同时，考虑到顾客对于私密性的要求，包间的设计应使用隔音或消音材料，避免噪声的干扰；引入信息呼叫系统，在顾客需要服务时可以通过呼叫进行高效率的服务，不需要服务时免于被服务人员打扰，影响顾客之间的谈话。此外，包间的门不要相对，应尽可能错开，以免顾客出门对视引起尴尬；VIP包间的出入口与其备餐间的出入口应分设，使顾客通道与服务通道分开，避免顾客流线与服务人员流线的交叉；可考虑利用各种活动的分隔方式，设置部分既可独立又可组合的包间，当群体顾客人数较少时可分成独立的包间进行使用，而当群体顾客人数较多时可以组合在一起，以解决餐位不足的问题；出于经营方式和服务管理的要求，包间应设置不同的门牌名号或结合室内标识处理成不同的图案，以示其惟一、独特性，并且门牌名号或图案应与包间的整体设计风格或餐厅主题文化相统一，引起顾客的心理共鸣，如荷塘月色、风竹清音、丹枫碧影等（图2-51）。

2-49

2-50

2-51

2-49 江苏无锡的村前会所餐厅的小型包间和中型包间，分别为10人餐桌和14人餐桌

2-50 江苏无锡的村前会所餐厅的VIP包间，能供20人同时用餐，在空间布局和功能上也更为考究

2-51 上海采蝶轩餐厅的包间和包间门牌标识，以"蝶"作为整个餐厅的主题文化

2-52

2-53

2-52 江苏无锡清和楼餐厅的家具布置对比丰富,产生了混搭带来的新奇感受

2-53 餐厅的厨房区,通常也称为后厨,控制着菜品的品质,对餐厅经营起着关键的作用

5. 就餐区的家具布置

就餐区家具的布置是非常重要的。一般而言,随意的家具组合传递的是一种轻松、活泼、自由的空间情感,比较适合以年轻人为主题的餐厅设计,而年长的人们一般比较讲究严谨庄重,从而采用有序的布置组合比较合理,而以白领为服务对象的主题餐厅,在家具的组合和选择上要满足他们的心理需要,他们一般追求较高的品质,对细节比较注重,讲究品位,那么在空间设计和家具选择时要注意满足他们的需要,在家具选择上适宜挑选造型精致、色彩雅致、材料质感较好的家具和装修材料。设计最重要的是是否满足了服务对象的需求,是否提高了他们的生活品质(图2-52)。

在就餐区中,餐桌、餐椅和顾客关系最为密切,餐椅又是重中之重,座椅的舒适与否会给顾客带来最为直接的心理感受,它会影响消费者会在餐厅的就餐时间,下次是否再来消费,因此座位的设计和选择除了考虑其风格、色彩、造型之外,人体工程学、材质等因素也是要格外考虑的,这就好比家具的风格、色彩、造型是一种外在表现形式,而家具的人体尺度是否合理,家具面料是否宜人,这是内在功能形式。餐厅的家具设计和选择应根据人体工程学的原理,以科学的态度设计满足人们需要的座椅,从细节上体现人性化和处处为顾客着想的设计。

2.2.3 厨房区

就餐饮空间而言,厨房区是餐厅从事菜点制作的生产场所,属于后台操作区域。作为餐厅最重要的生产部门,它控制着餐饮产品的品质和影响餐厅的销售利润,不仅关系到工作人员的工作流线是否顺畅,还关系到整个餐厅的服务质量,设计合理的厨房空间能使其工作人员保持好的工作状态,从而提高工作效率和烹饪的质量(图2-53)。一般而言,厨房区由多个功能区域所组成,几乎每个厨房都可以分为不同的功能区,不同类型的餐厅由于经营内容、经营方式、规模大小等的差别,相对应的厨房区所包含的功能要求也各不相同。此外,厨房区的整体规划必须从实用的角度出发,合理布局,并遵从相关的功能要素。厨房的设计是一个复杂的系统工程,在设计时要综合考虑,应遵循方便、高效的原则,如果从操作的角度系统地对厨房区进行分析,那么在后续的设计中,就便于与其他的功能区域产生有效的关联性。

2-54 中餐厅的厨房区，一般来说，厨房的面积为餐厅总面积的1/3，但也应根据具体情况进行调整

2-55 西餐厅的厨房区，一般位于餐厅的中心位置，四周排布餐桌位，这样便于服务，顾客在就餐时也能看到厨师的厨艺表演

（1）厨房的面积配比

在设计餐厅厨房时，也应遵循一般餐饮业的厨房设计原则，如在布置厨房平面时，要从全局出发。厨房面积是否合理要以整体面积为参照，因为厨房面积的大小是由厨房提供的菜肴和品种决定的，厨房的规模一般是餐厅总面积的1/3，但是由于餐厅类型的不同，这个比例会有很大的出入，在现实情况中，应根据业态的不同而具体问题具体分析，如以中国传统文化为主题的中餐厅设计，厨房面积在18%~30%（图2-54）。厨房面积的大小除了由厨房提供的菜肴和品种决定之外，还由经营餐厅的档次以及周转次数决定，价位越高，周转次数越少的餐厅空间厨房面积会越大；反之亦然。

（2）厨房的功能分区

从整体上来看，不管餐厅经营什么风味的产品，无论是西餐厅厨房还是中餐厅厨房，开放式厨房还是封闭式厨房，也不管其经营规模的大小，其厨房的生产工艺流程都是大致相同的（图2-55）。所以根据生产工艺流程，厨房区一般包括验收区、储藏区、加工区、烹饪区、洗涤区、备餐区等。设计厨房时，各区的设计要以合理高效为原则，如储藏区的设计宜靠近运货口为佳，这样可以降低搬运工作的工作量，提高工作效率；洗涤区的位置宜靠近就餐区，这样可以降低回收餐具的工作量，同时在设计洗涤区时要把加工区、烹饪区综合起来考虑，洗涤区位置设计是否合理，直接关系到加工区、烹饪区等的顺利高效进行；而烹饪区宜设计在离就餐区近的地方，这样可以缩短服务员送餐的距离，减少工作人员在厨房的流通时间，从而给顾客提供最高效率的服务。

1. 验收区

（1）验收区的平面布局

从平面布局的角度考虑，验收区应该临近卸货区和储藏室，这样可以使货物的运送、验收和储藏更加顺畅。最理想的布局是：卸货区直接与验收区相连，而验收区与各个储藏室相连。在一些餐厅里，采购部办公室与验收区相邻，但是由于内部管理的原因，采购责任应由一个与验收区相分离的办公室来承担，以便于对验收进行监督。

（2）从实际使用考虑验收区的设计

从实用功能的角度出发，验收区的地面应保证光滑与整洁，以便于手推拖车、托盘升降机的自如使用。平滑的地面也易于清洁，有助于减少灰尘和污垢积聚。并且要具有良好的人工照明，以便货物到达时进行仔细的检验，可用荧光灯作为整体照明，白炽灯作为工作照明。由于许多货物是按重量来采购的，因此验收区需考虑秤的设置。如：在需要大批量采购肉类的餐厅里，适合采用安装在地面内的秤，将大批量的肉类放在这种地秤上，会使称量十分方便，其他单箱采购的物品可使用台秤来称量。另外，餐厅垃圾的清除必须设置专门处理的区域，不要与验收区相交叉，以免影响物品的卫生，尤其是鲜货类物品，如果设置具有防水功能的垃圾箱的话，从长期来看将有助于可持续发展的模式（图2-56）。

2-56 餐厅的验收区，进行采购的原材料在这里进行分类，一般来说验收区毗邻储藏区
2-57 餐厅的储藏区，布置有方便取物的货架
2-58 餐厅的冷冻、冷藏区，一般布置有可以进行分类冷冻或冷藏的柜体设备
2-59 加工区应分门别类以便于加工处理原料，另外还需留有足够宽度的通道以利于进行操作上的流通

2. 储藏区

储藏区是餐厅将外部运达的各种物品进行选择、验收、分类、入库的活动区域，属于餐厅的后台区域，承担着供给的功能。通常，餐厅会将厨房的设计重点放在生产加工区域，而忽视了后台区域供给的重要性。但这样的设计处理显然是不合理的，因为假如储藏区面积过小，就需进行更频繁地进货，影响餐厅有效地正常运转。所以储藏区虽然不是最重要的，但却能给厨房以很大的支持。

（1）储藏区的布局

储藏区的位置应该临近卸货区和加工区。如果由于其他因素的限制无法同时临近这两个区域，那么就应该更靠近加工区，因为这样会便于取物，从而节省更多的人工操作时间。同时，储藏区内部应布置合适的货架，以便更有效率地存放物品，货架的宽度和高度要适合存放的货物尺度以及方便员工从上面取拿货品，可考虑设置每层搁板高度可以调节的货架，以便灵活地存放物品（图2-57）。从整体布局上看，货架的摆放应尽可能避免使储藏空间过于狭长，以免通风和照明状况出现问题。因为，过于狭长的空间会使内外的空气交流不完全，影响食品的保质期，并且会使局部区域的照明不足，影响清洁的彻底性以及储藏的分类管理。

（2）储藏区的功能分区

储藏区应安装能自动开关的感应灯，以避免电能的浪费。另外，由于物品的种类及储藏要求的不同，储藏区通常分为干货区、冷藏区、冷冻区三个部分。干货区一般用于存放干燥食品、罐装食品、碳酸饮料、一次性的纸品及清洁用的化学用品等，并且每种干货所采取的存储方式也应有所差别。干燥食品、罐头与纸品应存放在带有衬板的货架上，以避免受潮，并且纸品应集中放在较大的箱子里，整齐堆放；重量较轻的物品，如：塑料物品，可以堆放在较高的货架上；为了安全起见，碳酸饮料也必须单独储藏，通常的做法是集中在单独的区域保存，但有时也会把碳酸饮料存放在干货储藏区的一个箱子里。清洁用的化学用品需要单独存放在特定的区域，这是因为很多清洁用品都会散发出气味，而这些气味会影响到食品原料，如：面粉或面食；出于安全方面的原因，酒类物品也应存放在单独的区域。理想的食品干货区应做到通风良好，干爽洁净，堆码整齐，分类明晰，干货原料存取便捷，防虫、防鼠设备齐全，消防与安全系数高。

3. 冷藏、冷冻区

冷藏区是厨房用于冷藏食品、酒水及食品原料的区域，有时候也和储藏区整合在一起使用，是餐饮经营与厨房生产不可或缺的部分。冷藏区设置的目的是为顾客提供一些冷食菜品与冷藏酒水的需要，同时通过调节食品原料的供给，缓解食品原料采购、供应与使用之间的矛盾，确保厨房进行正常有序生产及食品原料的新鲜度，从而提高与保证餐饮产品质量，最大限度减少食品原料因腐败变质而造成的成本增加（图2-58）。在大型餐厅、宴会厅及需要冷藏食品原料较多的餐厅中，如烧烤餐厅，一般会设置独立、大型的冷藏区域，而中、小型餐厅及冷饮餐厅中，则较多采用小型冷柜、普通冰箱的形式。

从使用功能的角度讲，无论采用何种形式，冷藏区都应靠近厨房的工作区域，以方便厨师取拿物品，提升工作效率。最合理的布局是厨师工作区的下方或侧方设置小型的冷柜或冰箱，储存使用频率较高、短期急需的食品原料，而大批量以及需要长期储存的食品原料则应放置在独立的冷藏区域中。需要注意的一点是：设置在厨师工作区的冷柜或冰箱应确保其开启方式的便利性，不能影响厨师的烹饪操作。

冷藏设备有各种不同的规格可以选择，所以在挑选时应注意要与实际操作相协调。通常餐厅会使用嵌入式、活动式和台下式的冰柜。选择这些设备时，要注意三个因素：人工成本、食品成本和食品安全。

冷冻区与冷藏区相似，在大型的餐厅中冷冻区与冷藏区相邻，以提高经营效率；而中小型的餐厅中，出于整体面积的配置考虑，冷冻与冷藏的功能往往统一考虑，并置在一起。

4. 加工区

加工区，是厨房加工食物的区域，一般由多个功能区域所组成，如：准备区、热食区、冷品区、饮料区、存放区、切配区等。但由于不同餐厅所经营产品的差异，厨房加工区的内容与所应遵循的功能要求各不相同。对于以正餐为主的中餐厅而言，厨房加工区由原料初加工区、切配区所组成，且每一区域有其自身的功能要求。

（1）初加工区

原料初加工区应设置在靠近原料入口并便于垃圾清运的地方，这是由于其包含了蔬菜加工，禽畜、水产宰杀的功能。这样的设置有利于节省货物的搬运时间，并可以减少搬运时对场地的污染，加工后产生的垃圾也可以及时得到清运。同时，原料初加工区还应留有足够的空间与设备，以避免加工原料之间的相互污染；对不同原料的加工要做到相对集中，适当分隔（图2-59）。另外，初加工区与各烹调厨房之间要有方便的货物运输通道，以确保初加工后原料的新鲜度。比如：一些生猛海鲜类菜肴，须经顾客点菜、看货确认后，再宰杀加工。针对这种情况，初加工区要在较短时间内高质量地完成加工工作，并要在第一时间送至切配或烹调岗位，以减少顾客等菜的时间。所以，初加工区域与各烹调厨房有方便、顺畅的通道或相应的运输手段，是厨房设计不可忽视的。

（2）切配区

对食物原材料进行初步加工后，厨师按照已定的菜单，对洗涤初加工后的蔬菜、肉类、禽类、水产品，进行刀工成型及味料调制等工作，其主要的设备有锯骨机、绞肉机、切片机、开罐器、制冰机、洗涤池、工作台及各种盛器、用具等。从使用功能的角度讲，加工区与烹调区应在同一工作间内，配份与烹调距离不可太远，以减少传递工作量；需要布置一定的工作台或台架，以暂放待加工的原料，不可将已配份的所有菜肴均转搁在烹调出菜台上，以免出菜次序混乱。

5. 烹饪区

烹饪区是对各类菜肴进行烹调、制作的区域，是厨房工作中最重要的环节，其质量的好坏直接影响到餐厅的经营效益。从使用功能的角度讲，厨房中的烹饪区应紧临就餐区，以保证菜肴的出品及时，并符合应有的色、香、味等质量要求。对于多楼层的大型餐厅而言，由于建筑结构、格局与场地的限制，厨房的加工区，糕点、冷菜等的制作间，可以不与就餐区设在同一楼层，但烹饪区要与相应的就餐区设在同一楼层。考虑到传菜的效率和安全，在使用推车服务的餐厅，其烹饪区与就餐应在同一楼层，不能有落差或台阶。

同时，烹饪区要有足够的冷藏和加热设备，以确保原

2-60 烹饪区自身有清洗和加热设备，以及排烟设施，并毗邻冷藏设备，这样能保证操作上的流畅

2-61 照片显示了一名厨师正在制作糕点，一般来说，糕点制作区会和烹饪区进行分隔或单独设立，并且在操作过程中会使用到各种专门的制作工具

2-62 凉菜制作区对卫生和清洁度的要求非常严格，有时厨师必须佩戴塑料手套，并戴好口罩

2-63 凉菜制作区设置专门设置展示菜品的窗口，这样有利于提高出菜的速度，也能带给顾客直观的印象

料与成品所需的适宜温度及加工要求；还应配备强有力的抽排烟设施，并形成一定的负压，否则厨房内部每天产生的大量油烟、浊气与蒸汽，有可能倒流入餐厅，污染顾客的就餐环境。此外，对于顾客所点的河、海鲜及野味类菜肴，在宰杀、洗涤后，应立刻进行烹饪制作，以保证原料的鲜活度。所以，烹饪区还需设置急杀鲜活的专用水池及工作台（图2-60）。

6. 糕点制作区

糕点制作区与烹调区相比，有着自身相对独立的生产流程和出品方式。因此，糕点制作区的平面布局、设备选配等方面应根据具体的功能要求来确定。制作糕点的区域应与烹饪区相分隔或单独设立，这样可以解决烹调过程中的水、油及其他材料对糕点原料、场地的干扰和污染问题，并能缩短糕点厨师的走动距离，方便监控，把握质量，提高效率（图2-61）。

从制作的工序来看，糕点多由蒸、烤、炸等烹调方法制作而成，因为这些方法最能保持糕点食品的造型和花纹。而在进行烹调工作之前，糕点的成型工艺，必须有兑水、揉面、捏作等工序处理，所以设置相应的工作台及和面、绞拌、压面等器械是必需的。此外，一些餐厅的糕点制作区大多还承担米饭、粥类食品的蒸煮工作，所以要配有足够的蒸、煮设备。同时，应确保抽排油烟、蒸气的效果，这与烹调厨房的要求相同，要形成一定的负压并保持室内空气清新。

7. 凉菜制作区

凉菜制作区是餐厅制作、加工各种冷食的区域。由于进入凉菜间的食品原料，都是经过洗、泡、腌、渍等烹饪处理，已是符合食用要求的成品。所以，凉菜制作间的功能要求与厨房其他加工区域有明显不同，对卫生、清洁的程度要求更高（图2-62）。从平面布局的角度讲，凉菜间须设置二次更衣间，并安装消毒水池和紫外线消毒灯等消毒设施。在对凉菜间进行设计时，应采取两道门（并随时保持关闭）防护措施。员工在进入第一道门，经过洗手、消毒、穿着洁净的工作服后，方可进入第二道门，从事冷菜的切配、装盘等工作。另外，由于中式餐饮的上菜服务习惯，凉菜无论在零点餐饮还是宴会餐饮中，总是最先出品上桌的。因此，凉菜制作区应紧靠备餐间，并具有出菜快捷的条件。可考虑设置专门的窗口与平台，或者在紧靠凉菜制作间的位置设置展示菜品的吧台，这样既能提高出菜的速度，又能给顾客以直观的印象（图2-63）。

8. 备餐区

备餐区，是对厨房烹饪加工提供支持与服务的功能区域。从平面布局上讲，备餐区作为餐厅与厨房联系的桥梁，应处于两者之间的过渡地带，并且其内部布局应尽可能与服务员传菜线路平行。这样，划单、退放菜夹、配带佐料可以顺势进行，而不需多跑路程，多花时间。要考虑到开餐高峰期间有大量菜肴要经备餐区送出厨房，用过的餐具要传回后台进行清洗，服务的流量相当大，避免因流

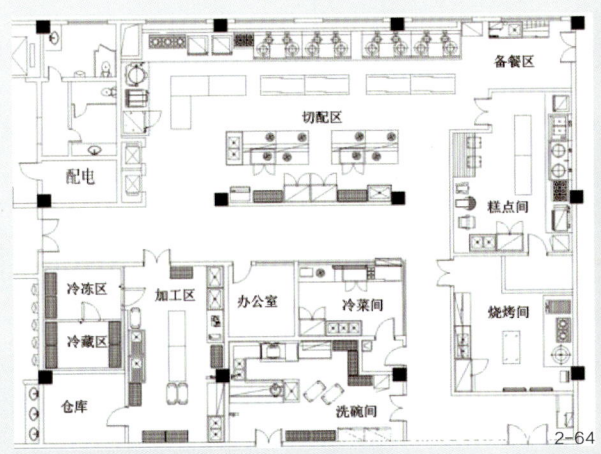

2-64 备餐区位于厨房和餐厅的连接地带，便于服务人员进行传菜

2-65 洗涤区是清洗、消毒餐厅内使用过的盘碟、碗筷、酒杯、汤匙等餐具与厨房用具的工作场所

量大而产生相互碰撞、线路交叉的问题（图2-64）。

备餐区内部应根据经营管理的需要留有足够的通道尺寸或采用双过道的形式，将送菜线路与收拾餐具线路相分开，即分别专设一个通向就餐区的过道，以供菜品及时传递到就餐区；专设一个通向厨房洗涤区的过道，以供收送用过的餐具。同时，连接通道的两端应分别设置两道门并在平面上进行错位，以起到隔绝油烟、噪声、温度的目的。另外，在进行备餐间区域规划时，应尽量寻求相对完整、尺度适宜的空间，以提供备餐间所需设备和用具的布局摆放，使优质、高效的备餐服务得以体现。

9. 洗涤区

洗涤区是清洗、消毒餐厅内使用过的盘碟、碗筷、酒杯、汤匙等餐具与厨房用具的工作场所。洗涤区的工作效率及质量是餐厅生产和服务效率的重要依托，对控制餐具的损耗数量也起着重要作用（图2-65）。因此从整体布局上看，洗涤区的位置应靠近就餐区与厨房区，以方便传递用过的餐具和厨房用具，提高工作效率。同时，距离近还可以减少传送过程中的污染机会和破损概率。另外，洗涤区与餐饮区应处在同一水平面，以减轻服务人员传送餐具的劳动强度，方便餐车推送餐具。

一般情况下，餐具与厨具的洗涤会设置在同一区域，并位于厨房工作间内。但由于经营内容、经营方式等的差异，不同类型的餐饮空间其洗涤区的设置会有所不同，而具体的位置设置需根据餐具的洗涤次数及数量来确定。如：对于以经营快餐与自助餐为主的餐厅而言，顾客用餐期间有大量的餐具需要清洗，相对于厨具，其洗涤的次数要更高，这就有必要使餐具洗涤与厨具洗涤相分开，并独立于厨房，设置在更靠近餐饮区的位置，以减少服务人员从餐饮区到厨房的往返次数，提高洗涤区的工作效率。因此，餐厅的具体经营方式对洗涤区的位置设置有重要的决定作用。

从使用功能的角度看，洗涤区应采取有效的通、排风设备，以解决洗涤过程中产生的水气、热气；除具有洗涤的设备外，还应有可靠的消毒设施，以对顾客的身体健康负责；采用脚控或肘控的水龙头，以避免清洗中因关闭水龙头，手再次被污染；垃圾桶应分类设置，其位置摆放要合理并靠近后台清运出口处，方便工作人员倾倒垃圾。

10. 相关功能要素

作为餐厅的生产加工部门，厨房区除了满足各区域的功能需求外，还应遵循一些相关的功能要素：

厨房在进行设计时，应充分考虑物流、人流的路线和通道布局，保证工作流程的连续性，合理布置生产流线，使主食、副食两个加工流线明确分开，从初加工、热加工到备餐的流线要简捷通畅，避免迂回倒流，其余区域要从属于这一流线而布置。

对于多楼层的餐馆，厨房各部门应尽量安排在同一楼层，并力求靠近就餐区，便于集中控制和管理，提高劳动效率。当就餐区与厨房区不能容纳在同一层时，可考虑移出储藏间、冷藏间、糕点间到上、下楼层，但它们与主厨房之间要有良好的垂直交通联系。

2-66 酒吧的酒水区位于吧台的背景墙,在服务于吧台的顾客同时也能起到展示的作用

厨房工作人员须先更衣再进入各加工间,所以更衣室、洗手间等应在厨房区附近设置。厨师、服务人员的出入口应与顾客的出入口相分开,设置在顾客看不到的地方,并且在餐馆规模较大时,厨房区还应分设货物与工作人员两个出入口。服务人员不应直接进入加工间端取食物,应通过备餐区进行传递。

洁污分流,对原料与成品、生食与熟食,要分开加工和存放。垂直运输生食和熟食的食梯应分别设置,不得合用。加工中产生的垃圾要便于清理运走,污水需经除油处理后,方可排向污水管网。

对厨房的油烟、噪声、温度问题给予关注,采取适当的解决方式,防止其对就餐区的影响。厨房区应满足清洁卫生和消防安全的要求,装备火警预报和自动灭火系统。

良好的作业照明可以防止工人在进行精细作业时出现眼疲劳现象。排风罩下面的照明也应提供充足的光源。灯泡或灯管必须进行适当的防护,以免破碎时玻璃碎片不慎掉落在食物上。

产生的热量和蒸汽的区域最好安装排气扇。

2.2.4 其他功能区

其他功能主要是辅助就餐区域的区域,包括酒水区和为员工服务的后勤区域。

1. 酒水区

酒水区是为顾客提供饮料,酒类等基本服务的区域。在综合性餐厅中,酒水区通常位于前台服务区内,而像酒吧和以西餐为主的餐厅,酒水区一般扮演着主角,除了提供酒精类饮料外,还包括前吧、后吧和酒吧座位,有时还有鸡尾酒座位(图2-66)。音乐和视频播放通常也是这里的特色。酒水区规模和面积的大小取决于它在餐厅营业总收入中所占的比重。对于一些中小型餐厅而言,往往只设置一个较小的酒水区,主要服务于来此就餐的顾客,而另外一些大型餐馆则配备独立的酒柜,为大型就餐区提供全方位服务。

在西餐为主的餐厅中,葡萄酒的储藏及展示在酒水区的设计因素中变得越来越重要。酒水区展示的各类葡萄酒除了具有吸引顾客和具有装饰作用外，对于整个室内氛围的营造也起着关键作用。在自助式餐厅中，酒水区可以包含丰富的内容，比如除了各类精致的酒精饮料外，还可以有不含酒精的饮料，如咖啡、自助式饮料，甚至自助式餐具和餐巾服务也可以包含在酒水区内。

2. 后勤区

后勤区是确保餐厅正常运营的辅助功能区域，对于餐厅的盈利不会产生直接的推动作用。一般情况下，后勤区由管理办公室、员工内部食堂、员工更衣室与卫生间等功能区域所组成，属于后台区域，为就餐区与厨房区提供相关支持与服务。从管理经营的角度看，作为厨房的支持与服务区域，后勤区与厨房区的关系更为密切，设计时需要特别的关注。另外，由于经营内容、经营方式等的差异，不同的餐饮空间，其后勤区所包含的功能区域也各不一样，如：设有表演舞台的餐馆，需配备表演人员用的化妆间；一些规模较大的餐馆出于经营管理的需要，常设有职员餐厅，以方便管理。事实上，每家餐厅都是根据自身的需要和特点来设计空间的，所以为了达到预期的效果应对每个具体房间单个进行分析。

（1）办公室

办公室是餐厅管理人员进行日常办公的场所。餐厅的办公室要具备很强的实用功能，充足的照明以及足够的电源插座，还有便捷的办公家具都是必不可少的基本配备。对于规模较大的餐馆，办公区域的划分会更加明确，有经理办公室、财务室、厨师长室等。从平面布局的角度看，办公区域的设置应位于后台，靠近厨房区域，以便于对厨师、服务人员的工作管理。在内部空间处理上，其功能性要强于装饰性，以满足完成各项工作的需要为目的。

（2）更衣室

为保证厨房的食品卫生与餐厅的经营管理需要，厨师、服务人员须先更衣再进行相关工作。因此，餐厅应划分部分区域作为更衣室，其位置应靠近厨房区域，以便于厨师更衣后即可进入厨房工作。更衣室要保证有充足的储物柜，以确保员工自己的衣物和个人财务安全，这样有利于提高员工的工作热情。在内部空间的处理上，更衣室与办公室一样，应以满足各项功能需求为目的，并照顾到相关的个人需求以提升员工的工作积极性。

（3）工作人员用卫生间

工作人员用卫生间与顾客用卫生间的处理方式要有所区别，其功能性要强于装饰性，以简洁、实用为主。此外，洗手池旁边设置有足够的空间，这样就以便于员工放置个人梳妆物品。作为后台区域的组成部分，工作人员用卫生间的位置设置应考虑到工作人员使用的便利性，应靠近厨房区与办公室等后台区域，并要有所分隔且相对隐蔽，以保证洁污分区。

（4）员工就餐区

一些大型的餐饮机构会专门提供员工的就餐区，其设计在满足基本功能的前提下，舒适干净的就餐环境和一些人性化管理的细节会在无形中大大增加员工的工作积极性。

（5）后勤区与厨房区的关系

从平面布局的角度讲，作为厨房的支持与服务区域，后勤区应与厨房区相邻，并位于后台入口处，这样便于工作人员先清洁、更衣后，再进入厨房区工作。同时，垃圾清运的出口要单独设置，与人流、物流的出入口相分开，以保证洁污分区。一般情况下，对于多楼层的餐厅而言，后勤区都会设置在底层，靠近主厨的地方，以利于厨房人员的工作。另外，后勤区与就餐之间要有所联系，以便于经营管理人员对就餐区的各种反馈信息有所了解，以及在用餐高峰期间对相关服务人员的调控处理，从而加强餐厅的经营管理。

2.3 室内立面设计

在餐厅室内的三大界面中,地面多被家具所覆盖,只有顶面与立面几乎是全部暴露在视野之内,而其中的立面又是距人最近的。餐厅室内的立面除了作为划分空间各区域的手段外,还能体现整体风格和营造主体氛围,应予以重视。

2.3.1 室内的空间分隔方式

餐厅室内的空间分隔主要是将动静区域分开,以下几种分隔方式是常见的设计手法,除此之外还有比较个性的设计类别没有在这里提及。

1. 利用原始建筑构件分隔空间

由立面来划分空间的分隔方式有很多种,首先,可以通过原始的建筑构件,如墙、列柱、楼梯、隔断、矮墙、花墙、花槽、栏杆、隔扇及屏风等来划分空间。例如,隔扇一般是由单个单扇所构成,最早见于中国传统建筑,现代形式的拆装式隔断和折叠式隔断是由传统隔扇演变而来的,大都经过简化和提炼,既有传统隔扇的韵味,又有一定的现代感(图2-67)。拆装式隔扇由相对独立的单扇页组成,借助上下槽道而架立(图2-68);折叠式隔扇的单扇之间安装铰链,借助上下轨道进行收放(图2-69)。由此可以把大空间灵活地划分为小空间,必要时再把小空间恢复成大空间。这种灵活多变的由立面变化而改变空间使用区域的功能,能够满足多种顾客与餐饮活动的需求。

2. 利用装饰物分隔空间

利用装饰物分隔空间也是不错的设计手法,常见的有帷幔和各种各样的挂饰等。帷幔质感有轻有重,纹理有粗有细,色彩有花有素,用来作为分隔空间的材质,能够软化空间立面的质感,使空间的分隔方式更加灵活,更重要的是可以利用其质地、纹理、色彩和自然的褶皱感增加餐厅空间立面的装饰性(图2-70)。与帷幔类似的还有各种各样的挂饰,如水晶挂帘、竹帘、线帘等。它们有的迎光闪烁,有的质朴无华,有的飘逸潇洒,能够给就餐环境增加更多的情趣(图2-71)。诸如此类的挂饰,还可以用多种物品构成,如为了营造农家怀旧感的餐厅,就可以利用玉米、辣椒等这些作物去体现环境的氛围(图2-72)。

3. 利用陈设分隔空间

陈设是一个很广泛的概念,如各式各样的植物可以摆在地面供顾客去欣赏,但如果能够把它们有机地组合

2-67 江苏无锡的惠泉酒坊餐厅空间,采取木质镂空隔断形式　　2-68 拆装式隔扇,便于空间彼此之间的开敞与封闭

2-69 折叠式隔扇的单扇之间安装铰链,借助天花的轨道进行收放

2-70 位于深圳罗湖区万象城的香舍——Belle Epoque法国餐厅，采用帷幔形成空间的分隔，充满古典浪漫气息

2-71 有时软性材料也是空间分隔和装饰的较好选择，安徽芜湖的兰纳泰国餐厅用线帘营造出相对独立的就餐空间

2-72 充满了农家气息的餐厅设计，这是位于入口位置的展示区，通过一系列诸如红灯笼、宣传画等装饰物体现怀旧氛围

2-73 家具也能成为分隔空间的手段，江苏无锡的清和楼餐厅在大厅利用木制茶几巧妙地区分了两个区域

2-74 "馋厨"连锁快餐厅空间中用抽象的圆圈模拟蟾蜍在水中悠游时吐出的小气泡，既分隔了空间，又显得诙谐有趣

起来，也能起到分隔空间的作用（图2-73）。家具也是陈设的重要物件，各就其位的家具不仅能够起到本身作为家具的各种功能，同时也能起到划分空间的作用（图2-74）。

4. 利用自然景物分隔

山石、水体和植物等都能作为自然景物担当分隔空间的任务。水池、小溪、喷泉、假山、翠竹、花丛等都可以把空间划分成几个不同的部分。用它们划分空间，不仅能够满足空间层次丰富的要求，还能使就餐环境平添生机盎然的气息（图2-75）。

5. 通过改变地坪或顶面的高差分隔空间

在实际的设计中，还可以通过改变地坪或顶面的高差以分隔空间。通常的做法是提高卡座区、雅座区或包厢区的地坪，或者是降低这些区域的顶面标高，使它们与就餐区相区别（图2-76）。地坪的高差为300mm~400mm，高差设置过多、过大将产生一系列问题，除了威胁顾客的安全外，还有可能影响餐厅服务人员服务的质量和效率。

2-75 湘SHOW，一群80后IT男共同打造的新生代餐厅，利用植物分隔包间与廊道空间

2-76 位于北京市东三环外的sake MANZO餐厅，其包厢和公共通道之间有地高差之分，并用白砂和踏脚石连接这两个区域

2-77 江苏无锡伴山惠馆餐厅的立面装饰，以蝴蝶作为具象元素，并运用到不同材质上，形成统一而丰富的视觉感受

2.3.2 空间氛围营造

对于室内空间来说，氛围营造大多在照明、墙壁、吊顶、地面、装饰物和家具上下功夫，以下将常见的设计方法相继列出，在有些特殊氛围的餐厅，也会单独使用照明营造氛围，这方面内容需要参照专业的照明数据来学习。

1. 通过具象和抽象方式营造空间氛围

对于餐厅室内的空间构成角度而言，立面是较能快速表达主题元素，从而对空间氛围做出渲染的界面，可以有两种表现方式，一种是具象的，在空间上造景（图2-77）；另一种是把元素提取成抽象的符号（图2-78）。在具体实践中，可以结合展示空间的设计手法，把顾客当做是观众，摆在桌上的一道道菜是展品，而背景则是餐厅室内的立面。在满足餐厅基本功能的前提下，通过设计语言来使顾客在用餐过程中实现体验的目的。把提取出来的符号借助重复、韵律、对比、对称、均衡等法则，营造视觉冲击力，使顾客受到环境的感染。在体验消费时代，体验要素附在产品、服务和环境中，顾客消费的是一个体验过程，餐厅应注重顾客体验价值的实现。通过这个体验过程给消费者留下一段记忆，并期望记忆长期保留在消费者脑海中（图2-79）。

2-78 江苏无锡惠泉酒坊餐厅包间的立面装饰，以抽象出来的酒坛外轮廓作为装饰符号，并在不同材质上以各自的形态进行表现，突出了餐厅主题

2-79 上海采蝶轩餐厅卡座区的立面装饰，通过灯光和色彩的处理，形成了一种独特的展示空间效果

2-80 江苏无锡沿河人家餐厅卡座区的立面，通过材质肌理的对比运用表达了就餐空间的环境氛围

2-81 上海Mercato意大利海岸餐厅，虽是以中餐为主，但是在立面材质上却体现了不加粉饰的肌理效果

2-82 美国拉斯维加斯美高梅大酒店Las Vegas MGM餐厅，就餐区的立面背景墙模拟出沙漠地貌的特征，与酒店的地理位置相得益彰

2. 通过立面整体造型营造空间氛围

在餐厅立面设计的过程中，整体造型的形态特征会给顾客留下深刻的印象，因此，在设计时应注意到线脚、凹凸、柱头、拱券等造型元素，表现所谓的中式或西式餐厅的就餐氛围。在西式餐厅中，多见西式门窗、木墙裙、古典柱式和拱券；在中式餐厅中，多见中式门窗、圆柱、隔扇等构件。

3. 通过立面肌理效果营造空间氛围

除了关注立面的造型外，还要注意到立面的肌理效果对顾客的视觉心理感受的影响。肌理是材料表面的组织构成所产生的视觉感受。餐厅室内环境中每种实体材料都有着与它固有的视觉、感觉特征相吻合的"表情"，不同的肌理有不同的"表情"。如具有原始力量感的粗糙的毛石墙、粗犷雕塑感的水泥表面等，设计时要注意将这些"表情"与主题的创意联系在一起，共同表达餐厅室内环境的氛围（图2-80）。

4. 通过立面材料营造空间氛围

有些立面强调自然气息的氛围，例如以茶室为主的中式餐厅室内，常用砖、瓦、块石、卵石、木、竹、藤等材料作为立面的装饰材料，有些立面可能完全使用清水墙，不抹面，也不勾缝，追求的就是一种朴实无华、返璞归真、自然天成的意境（图2-81）。而有些立面则是相对简约的处理方式，这类立面在设计上没有多少凹凸的造型，表面基本上平滑完整的。饰面材料多为涂料、壁纸、瓷砖、石材及玻璃等，强调的是材质和色彩，通过这些因素增强立面的表现力和空间的张力（图2-82）。这类立面的处理多见于空间较小的酒吧或西餐厅，但是值得注意的是，此类墙面会略显单调，解决这一问题的主要方法是：注意门、窗的造型和排列，尽可能增强门、窗和窗间墙的节奏感；以壁灯、挂画作点缀，让壁灯、挂画与所在的立面形成点与面的对比；在墙面上做出较为明显的拼缝，或者专门镶嵌金属线、木线或玻璃条，让平素的墙面显示出简单的图案。

2.4 地面设计

虽然餐厅中能见到的地面大都被家具遮挡，但这并不意味着可以忽视对地面的设计。对于地面有高差的情况而言，建议其在保持与原有建筑空间特征的前提下，尽量做到安全性和便捷性，使来餐厅就餐的顾客不会由于过于频繁的地面升降而产生不良情绪。

2.4.1 地面材料

餐饮空间的地面常用石材、瓷砖、木材或地毯铺设。从经济耐用的角度出发，石材、瓷砖铺设的地面应用范围较广（图2-83）。对于细节而言，为体现视觉的丰富性和空间的差异性，还可以搭配使用鹅卵石和片石，或将石材做出粗细不同的表面，形成材质上的对比（图2-84）。

相对于硬质铺装来说，地毯较为舒适，色彩、图案相对丰富，主要缺点是难以维护，所以通常用在宴会厅、贵宾厅或档次较高的包厢中（图2-85）。

2.4.2 地面铺装形式

不论使用地毯，还是使用石材、瓷砖等材料，一般不建议在就餐区设计地面拼花，特别是带有中心图案的地花，这是因为餐厅室内的桌、椅、柜等家具较多，必然覆盖地面的大部分，如果地面有这些中心图案的地花，可能会因为家具的遮蔽而在视觉上显得不完整，也难以适应这些家具经常变换位置的要求，因此，在一般情况下，无论是铺地毯，还是使用其他材料，餐饮空间的地面往往是单色的、带几何图案的或无中心图案的（图2-86）。在门厅或过厅等公共活动区域，可以考虑适当使用一些具有中心图案的地面拼花，以此与就餐区大面积的铺装形成对比（图2-87）。

2-83 上海东方商旅精品酒店餐厅，同样是铺设瓷砖，却通过色彩和纹样对比来区分空间

2-84 浙江杭州湖边村酒店餐厅，其最大特点是有一部分就餐区位于室外，地面的铺装以青石板、砾石和条纹砖为主，形成了深浅材质对比，与古朴的建筑外立面相得益彰

2-85 江苏无锡沿河人家餐厅，VIP包间的地面在木地板上铺设地毯，进一步突出了就餐区域，并彰显出尊贵的格调

2-86 上海M1NT餐厅就餐区的地面铺装以编织形的木地板为主，单一的暗色调衬托出空间环境中其他物件鲜艳的色调

2-87 北京燕莎中心凯宾斯基饭店，其大堂有中心图案的铺装，与周边的条状瓷砖铺设形成对比

2.5 顶面设计

餐厅的顶面设计在很大程度上受到室内层高的影响，并且由于每个功能区域的使用性质不同，相对应的顶面设计的形态、材料、构造等也将随之改变。但概括而言，餐厅的顶面设计不外乎以下几种方式：裸露梁架、悬吊饰物和加吊平顶。

2.5.1 裸露梁架

裸露梁架的顶面大致有3种：钢筋混凝土梁架、钢梁架和木梁架。裸露梁架顶面设计的主要意图在于：一是显示技术和结构美，通过裸露原有建筑的梁架体系，显示梁架纵横交错的形式及支撑荷载的力量；二是显示特殊的风格与特点；三是出于文脉和可持续设计的考虑，主要体现在目前越来越多的改造项目中，在改造之后，往往能够清晰地看到现有建筑与原有建筑在文化意义和结构上的关联（图2-88）。

2.5.2 悬吊饰物

对于在顶面悬吊饰物而言，这是一种简单、灵活而有效的顶面处理方式。在屋架或在楼板之下可以悬吊形式多样的装饰板或装饰元件，可以借此表达多种意念，还可以部分遮蔽其上的屋架、梁及各种设备管道。既可以增加顶面的装饰性，又可省工省料，不失为一种事半功倍的方式（图2-89）。

2.5.3 加吊平顶

在屋架或楼板下另做吊顶，可以形成完整、大气乃至豪华的气氛。这种吊顶多以石膏板、纤维板、夹板等为基础材料，等完成根据空间效果而需要的不同造型之后，再将其下吊固定，然后在上面涂刷涂料、裱糊壁纸，或局部搭配使用一些木材、玻璃、不锈钢等材料（图2-90）。常见的加吊平顶的形式有井格式，即顶面显现或大或小的像豆腐块的格子（图2-91）；此外还有层叠式，即吊顶一层一层像台阶一样往下跌落，这种方式的吊顶能够暗藏灯槽，与吊灯、筒灯和射灯配合，可以产生丰富的光照效果（图2-92）；另外加吊平顶根据一些特殊的功能区域和视觉层面的需要，也可以有一些曲面、折面等形式（图2-93）。需要注意的是，吊顶的图案在设计时就要考虑到与灯具、风口、消防喷淋头、扬声器等顶面设备的配合，尤其是要与灯具形成良好的视觉搭配关系。

2-88

2-89

2-88 欧兰迪咖啡厅位于新疆乌鲁木齐市铁路局的繁华商业区，整个室内顶部裸露梁架，消防管道、空调管道和灯具在顶部并行不悖，营造出一种工业化的氛围

2-89 迪拜棕榈岛安纳塔拉度假酒店餐厅，灯光从立面一直延伸到天花的油纸伞和竹斗笠中，然后均匀地透漏出来，整个就餐空间显得民族味十足

2-90 江苏无锡的村前会所餐厅，为了和长条形桌面及地面铺装形成上下统一的形态特征，在顶面设计上用木材进行了装饰

2-91 澳大利亚墨尔本GOCHI餐厅,顶面在豆腐块的黑色钢条网上用麻绳进行编织形式的缠绕,呼应了日式餐厅的主题

2-92 福建福州海通一号餐厅梅峰店,顶面形成层层递进的关系

2-93 澳大利亚悉尼风堂餐厅,顶面用竹木构成了波浪形态,完美地体现了餐厅的主题

小结

餐厅经营场地的选择是餐饮企业投资者面临的首要问题，也是能否经营成功的关键因素，更是餐厅经营的第一要务。因此对餐馆经营场地的前期分析是一件很重要的工作，必须仔细考察、认真分析、慎重做出结论，否则容易造成不可弥补的损失。

餐厅的外观设计要醒目、有特色，富于想象力，并使顾客容易识别。在处理内部设计时，可以进行合理的功能分区规划，并充分考虑各个功能区域之间的关系。内部空间的3个界面（立面、地面、顶面）的设计担负着营造餐厅空间主题风格和烘托就餐氛围的任务。

思考练习

1. 影响餐饮空间的外部因素有哪些？

2. 餐饮空间的室内包含哪些基本功能区？请举例说明。

3. 餐饮空间的立面、地面以及顶面设计如何进行协调？

4. 从整体出发，如何打造空间统一的餐饮空间？

任务书

以小组团队的方式对某一个类型的餐饮空间做针对性地调研，分析出功能与美学层面的关系，并整理成调查报告，以PPT的形式进行小组汇报。

第3章 各类餐饮空间设计

基于现代人对餐饮空间的各种需求,出现了不同类型、不同风格和档次的餐饮空间设计,其设计的侧重点也各不相同。根据人们对餐饮空间的各种需求,大致可以分为以下几个类别:中餐厅、西餐厅、宴会厅、快餐厅、自助餐厅等。下面就对这几类主要的餐饮空间分别进行简要地分析。

3.1 中餐厅的空间设计

由于国家和民族文化背景的不同，中国和西方国家在餐饮方式及习惯上有很大的差异性。总的来说，中国人比较重群体、重人情，常用圆桌团体吃饭，讲究热闹和气氛。"中餐厅"本是一个很宽泛的概念，因为中国是一个多民族国家，且存在着地域上的饮食差异，所以有着多样化的饮食文化特色。

中餐厅在室内空间设计中通常运用传统形式的符号进行装饰与塑造。例如运用藻井、宫灯、斗拱、挂落、书画、传统纹样等装饰语言组织饰面。又如运用我国传统园林艺术的空间划分形式，拱桥流水，内外沟通等手法组织空间，以营造中国传统餐饮文化的氛围。

在本小节中主要以南北皆宜的汉族餐厅为叙述重点。

3.1.1 中餐厅的外观设计

对于现代餐饮空间而言，中餐厅的外观设计早已不仅仅停留在古典式的传统形象上，越来越多的中餐厅倾向于简洁明快的外部形象，通过外部形象呈现主题和餐厅标识。因为标识可以给行人或开车路过的人们留下清晰的印象，所以应当包括一个与其标识相一致的标志性象形文字或字体。设计师可以在中餐厅外立面上以餐厅名字或象形文字装饰，以起到提醒顾客的作用（图3-1）。此外，中餐厅外部通常使用原色或点缀有民族特色的灯具，它们可以进一步强化标识，并突出传统的形象（图3-2）。

3-1

3-2

3-1 上海唐会餐厅外立面，从照片可以看到在竖直的门头上有一个篆刻形式的餐厅文字标识，古香古色，非常醒目

3-2 陕西西安长安大牌档餐厅，该店是一家综合性餐饮店，在外观设计上遵循着传统的装饰，有诸如竹编灯笼和陕西大鼓等元素，充满了古朴的气息

3-3 上海采蝶轩餐厅的卡座区设计，采用传统的竹帘分隔邻近的桌位，在保证相对私密性的同时并没有阻碍视线，使就餐空间显得较为通透

3-4 江苏无锡的伴山惠馆餐厅的包间设计，按照室内面积和档次做了一定的区分

3-5 湖南衡阳大老房餐厅江东分店的平面图，从图中可以看到在包间处理上的灵活性

3.1.2 中餐厅的室内空间功能分区设计

从整体的功能分区来看,中餐厅一般除了用于婚宴、寿宴等活动的大厅外,还应有一些相对独立的小空间,为顾客提供一个相对私密的就餐环境(图3-3)。此外,餐厅中还应有大小不同、数量不等的包间,以此满足更为私密的就餐需求。从营业面积的分配上来看,较小的中餐厅包间可能只有两三个,而对于大型的中餐厅,包间按面积和档次也分得更细(图3-4)。

下面是一个典型的中餐厅的平面图(图3-5)。该餐厅在大厅有收银台、酒水展柜、辅助用房等。此外,除了零点餐厅外,还有大小不同的包间。有些包间具有一定的灵活性,可以通过推拉门隔成独立的两间包房,或把两间合成一大间。面积稍大的包间都设有独立卫生间和备餐间。

3-3

3-4

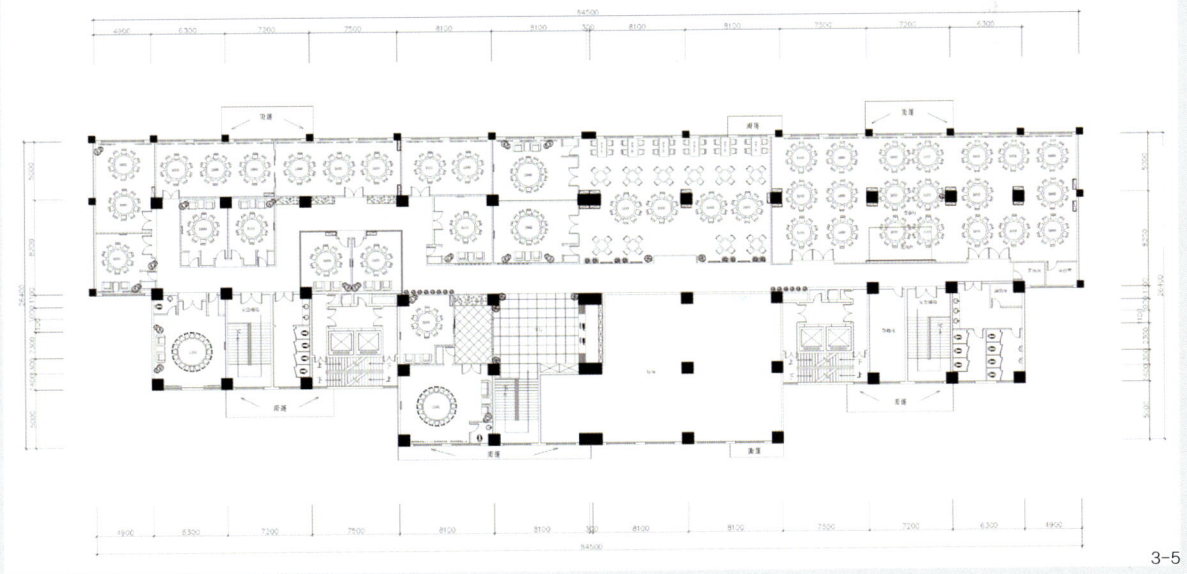

3-5

1. 入口区

作为一个由外向内的过渡性空间，入口的门厅是外部空间与餐厅的过渡区，在功能上起着集散人流的作用，也是顾客临时休息、候餐或等人的地方。良好的设计有助于顾客提前进入就餐状态（图3-6）。

入口门厅常用的家具是沙发、茶几或沙发组等。规模稍大的中餐厅一般都设置有咨客台。咨客台是服务员迎接顾客的地方，其功能是将客人引入座席中去。咨客台一般无收银功能，必须设在容易被顾客看见的毗邻前门处。

2. 就餐区

（1）大厅

大厅是中餐厅的主要就餐空间，一般作为零点餐厅使用，主要用于接待散客和举办宴会。散座区通常放置圆桌，最小的为8人桌，一般为10人桌，最大的为12人桌。在举办宴会的时候，圆桌要相对集中，以便形成热闹的气氛。此外，大厅的主要位置还设有龙凤台，取"龙凤呈祥"之意，举办婚宴、庆典、寿宴等（图3-7）。

（2）卡座区

与大厅相对集中的布局相区别的是卡座区，一般分布在大厅的周边较为僻静的区域，比如毗邻侧窗或角落里。卡座区通常设置4人或6人席位，可以用屏风、栏杆、镜面等围合成相对独立的区域。卡座区的地面也可以高出或低于大厅以示功能上的区分，在空间氛围上营造出一种闹中取静的感受（图3-8）。

3-6

3-8

3-6 王家渡火锅餐厅黄冈店位于湖北省黄冈市的遗爱湖公园腹地，入口区的设计显得大气而生机盎然

3-7 云南德钦县迪庆藏族自治州的中信资本御庭德钦精品酒店（REGALIA RESORT SPA DEQIN），其大厅显得雍容华贵

3-8 四川眉州东坡酒楼餐厅的卡座区临窗布置，并在地面的铺设上与周边的散座区做了区分，形成不同的两个就餐区域

（3）包间

除了大厅和卡座外，包间是最为私密的就餐区，一般提供家庭聚餐或为特殊顾客群体使用。按照面积大小，可以分为小、中、大型包间（图3-9）。小包间一般能满足8至10人同时就餐，中型包间则有一个可供休息的沙发组，大型包间的餐桌数可多达10人以上，一般为12至14人，并有专门的备餐间，传菜员由走廊将饭菜送至备餐间，包间内的服务员再由窗口将饭菜送至餐桌上。这种备餐间面积一般为3~4m²，其中有放菜的台面，并配有电饭煲和微波炉等设备。此外，入口附近还有一个专供该包间顾客使用的洗手间。有些大包间可同时设置两桌，以满足更多就餐人数的需求。为了增加使用上的灵活性，两桌中间有可活动的隔断，可以两桌合用或形成相对独立的临时单桌包间。

（4）备餐台

备餐台是贯穿于整个就餐区必不可少的设施，通常设计为高1m左右，宽0.5m左右的柜子，可用来存放餐具、酒具、纸巾、牙签、菜单等物品，服务员通过备餐台向附近的顾客提供服务。备餐台根据餐桌分布一般分散布置在靠墙、靠柱且方便服务员使用，而又不影响交通流向和座席布置的地方，小型和中型包间一般每间配置一个（图3-10）。

3. 收银区

收银区通常在大厅入口附近，兼具收银、提供酒水等功能。收银台的长短视餐厅规模而定。收银台的后面有酒水柜，用来陈设各种酒水和饮料，柜台与酒柜之间应保持一定的距离，以便服务员在其间活动（图3-11）。

3-9

3-9 山东潍坊印象酒店餐厅的包间设计，可以看得出每个房间都有舞台效果，让每一位来宾都融入其中，在感受美味的同时，享受潍坊当地的文化盛宴

3-10 江苏无锡九里河餐厅的一间小包间，照片左侧显示了备餐台的位置

3-11 山东潍坊印象酒店餐厅的收银区，其风格和整体的民俗化的设计保持一致

Chapter 03 各类餐饮空间设计

3.1.3 中餐厅的装饰与陈设设计

中餐厅给人的氛围既可以是喜庆祥瑞,也可以是清新优雅,因此在空间氛围的营造和选材方面值得注意。在空间的分隔上可考虑具有中国传统风味的隔扇、落地罩、屏风、花格、线帘等,也可用景窗、景门等装饰墙面(图3-12)。在选材方面,以自然的石材、木、竹、砖、瓦等为主,通过材料本身的质感营造空间的冷暖色调(图3-13)。

1. 陈设品

中国地域辽阔,中餐厅的陈设应与地域和菜系产生关联。陈设的题材可以涉及文物古迹、名山大川、土特产、风土人情以及名人轶事等。陈设的品类则可以是绘画、雕塑、民间工艺、趣味灯具和地方家具等(图3-14)。

2. 家具

在陈设方面,家具的选择尤为关键,桌椅的形态和材质宜保持传统家具的文脉,例如木椅、藤椅、竹椅

3-12

3-13

3-14

3-15

3-12 江苏无锡伴山惠馆餐厅,其装饰性的端景墙很有传统文化的韵味

3-13 上海城隍庙的一家以龙虾为主题的餐厅,设计师运用了现代主义大师阿布西耶的"粗野主义"风格,配以主墙面的文化石,使空间添加了一丝傲气

3-14 江苏无锡村前会所餐厅的陈设设计,非常精致地把餐厅的氛围和档次烘托出来

3-15 北京颐和安缦度假村的绿盎扒房西餐厅的家具陈设以洗练的明式家具为主,显得格外秀气内敛

就是优选的对象（图3-15）。装饰性的灯具也可以古典的宫灯、落地灯为主，有些则是稍加提炼与简化（图3-16）。但同样是中式风格，反映中国文化的方法是多样的，要在方法上加以创新，使中餐厅的设计风格既具有中式风格又不失现代感，并且使不同类型的餐厅表达出自己的个性（图3-17）。

3-16 深圳华侨城州际大酒店华膳中餐厅公共区域采用传统的宫灯作为装饰，表达出传统的文化意境

3-17 黄记煌三汁焖锅北京亚运村店是黄记煌三汁焖锅系列餐厅的又一力作，为了延续品牌特性，在空间的风格定位上仍然将中式传统风格与现代空间的设计手法相结合，围绕传统滋补、现代养生的餐饮主题，通过设计手法的运用，将这一空间的独特韵味缓缓展现

3.2 西餐厅的空间设计

西餐的用料讲究、餐具精美、环境幽静，一向为注重生活品质的人群所推崇。属于慢餐文化的西餐正好迎合这类人群的需求。豪华的西餐厅多采用法式设计风格，其特点是装潢华丽，注意餐具、灯光、陈设、音响等的配合，餐厅中注重宁静，突出高雅情调。

西餐厅与中餐厅的就餐习惯有着一定的差异性。首先，西餐一般为分餐制，餐桌通常为2至6人座位的方桌或长方桌，不像中餐厅那样采取6至12人围餐式的圆桌；其次，西餐厅内部多为分隔相对私密的小空间，追求安静的氛围，而不像中餐厅那样讲究热闹的就餐氛围。

3.2.1 西餐厅的外观设计

西餐厅的外部设计主要随着自身的类型和目标市场的不同而不同。有些西餐厅更倾向于连锁店的经营方式，这时，如果选择可识别性较强的建筑会更具竞争优势。特别是位于闹市区的餐厅，闹中取静，带有落地窗的可以让行人一探室内就餐环境。在外部则可以用与众不同的标识来突出餐厅的品位（图3-18）。

3.2.2 西餐厅的室内空间功能分区设计

西餐厅通常主要由酒吧区、表演区和就餐区组成。因为西餐比较注重安静的就餐环境，在室内设计时要注意空间分隔上的相对独立性。一般来说，西餐厅以散座为主，也有相当数量的卡座和包间，包间有大有小，卡座有方有圆，这就大大增加了空间的丰富性，也会适合不同顾客的需求（图3-19）。

3-18

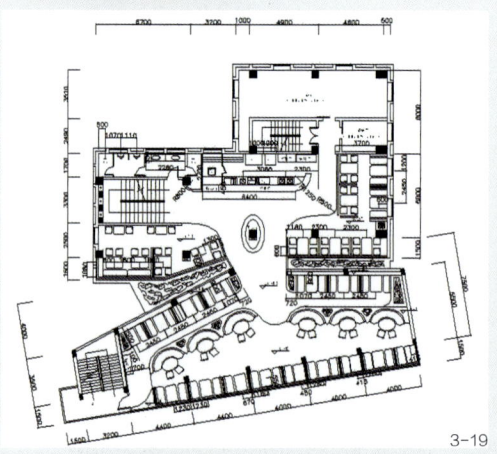
3-19

3-18 Iberico & Co. Kitchen & Bar是一间西班牙美食餐厅，位于香港中环些利街18号地铺。餐厅的外部用厚重的门窗体现分量感，在转角的地方则有醒目的标识文字

3-19 常见西餐厅的平面布局类型，值得注意的是卡座有方有圆，丰富了就餐空间

1. 入口区

西餐厅的入口区通常较小，一般只用于顾客出入就餐区。有些餐厅会在入口区的角落里设置接待台，接待台位于入口附近，是接待顾客、引导入座的服务生所处的位置。有时接待台兼具寄物和收银功能。接待台所占面积不必太大，有1至2个服务生值守就可以了。有时洗手间与入口区相邻，如果是这种情况，一定要注意保持走道交通流畅，避免阻塞（图3-20）。

2. 就餐区

（1）面积配比

西餐厅的就餐区根据总体面积的配置可大可小，通常大型的就餐区可布置为中央以表演区为主，周边则以各种隔断划分为若干类似于卡座的小区间，以此营造一种较为私密的就餐空间。这些小区间可设一组或几组餐桌，用来分隔空间的可以是花槽、栏杆或帷幔。有些时候，高靠背的沙发椅也能成为就餐区间的分隔物（图3-21）。

（2）尺度

由于西餐厅就餐区的整体布局要考虑顾客在就餐过程中不被打扰，因此，类似于餐桌之间的距离必须加以重视。由于椅子的类型和桌子的尺寸以及服务的类型不同，每个座位的占地面积也不相同，椅子所摆放的位置尽量不要影响其他顾客和服务员的来回走动，顾客和服务员的走道空间也尽可能保证足够的距离（图3-22）。

（3）体验性

如今西餐厅不仅仅局限于主题设计，而倾向于打造一种更为舒适的就餐体验，这是一个更大的命题。例如就餐期间室内应保持恒温，音响的音量应不影响顾客之间的沟

3-20 印尼Salt Gril餐厅的入口设计简单明确，导向性很强

3-21 天津圣·瑞吉酒店餐厅的就餐区采用优美的雕花玻璃，用来分隔不同的就餐区域

3-22 澳大利亚墨尔本中心美食广场餐厅，每种不同类型的就餐区域之间都保持了足够的距离，便于顾客走动和服务员进行服务操作

通，灯光要提升整体的就餐氛围等（图3-23）。

（4）表演台

位于就餐区的表演台，其位置的设置以多数顾客能看到为原则。如果表演台上有节目表演，那么就餐空间最好比较开阔（图3-24）。表演台的面积大小只要能满足摆放一架钢琴或提供小型乐队的演出就足够了，一般可以控制在20m²左右，高度为0.3m上下。台面一般铺装磨砂玻璃或夹膜玻璃，其下可设各种有色灯光。表演台的顶棚可单独吊顶，使用吸声较好的材料。

3. 酒吧区

西餐厅有时设酒吧，在许多西餐厅中，酒吧区是与就餐区分开的。相对独立的酒吧区其功能灵活多样，它可以是顾客单独的饮酒场所，也能作为餐厅的总服务吧台，或是顾客的等座区。这样的酒吧通常会提供鸡尾酒，有时也兼有收银的功能（图3-25）。

酒吧规模的大小以及吧台、吧凳的数量取决于其在餐厅中所起的作用。此外，酒吧所处的位置应保证自身的顾客与餐客之间互不干扰，这时就需要通过一些诸如花盆、小栅栏等隔断将这些客户群体分开。

3.2.3 西餐厅的装饰与陈设设计

1. 装饰设计

西餐厅的空间体量一般不是特别大，因此，西餐厅整体的装饰效果应以追求轻松安宁的氛围为主。在装饰材料上，墙柱常用光洁的大理石或花岗石，搭配木材、皮革、织物等较为粗糙的材料，形成质感上的对比，使环境更具亲和力。装饰风格上通常用西式的古典柱式、拱券、山花及线脚等突出西式格调。顶棚的装饰形式可灵活多样，有时候悬吊一些特殊材质的装饰物，以此衬托就餐气氛也是一种不错的选择（图3-26）。在地面材质的处理上常用颜色沉稳的石材或木材，局部可铺设地毯（图3-27）。

2. 照明设计

由于西餐追求的是一种慢餐文化，所以在照明设计上，多用漫射照明和间接照明。吊灯一般使用较少，更多的是使用灯槽、筒灯、射灯和壁灯。餐桌上大都摆放烛台，以使环境更为幽静。大厅中镜子的使用可以让人觉得空间更大。餐桌上大都摆放烛台，以使环境更为幽静（图3-28）。

3-23 保加利亚Abajour餐厅的就餐区通过灯光设计，营造了梦幻般的就餐氛围，给顾客留下了深刻的印象

3-24 西安威斯汀酒店餐厅坐落在西安曲江旅游区，直面有着一千多年历史的大雁塔。大厅中央的表演区局部抬高，顾客可以一边享受美食一边观看表演

3-25 罗马尼亚爱马仕俱乐部餐厅坐落在布加勒斯特的历史中心，得名于一个老电影院，吧台提供鸡尾酒，也兼具收银功能

3-26

3-27

3-28

3-26 加拿大多伦多时尚餐厅Aria Ristorante的顶棚设计采用了纵横交错的皮革材料，在保持轻松随意的前提下，也能与璀璨的灯光相映成趣

3-27 位于澳大利亚塔斯马尼亚的Saffire度假酒店，沿窗的地面全部铺设地毯，突显出餐厅的品位和档次

3-28 位于四川成都的彼得潘意大利西餐厅，其照明主要烘托一种幽静的气氛

Chapter 03　各类餐饮空间设计

3. 陈设设计

西餐厅的家具造型多选用一些软质的沙发或竹椅等家具，以舒适为主，追求轻松自在的气氛。墙壁上可以挂西式古典油画等，另外，在一些空间的角落里可摆放一些古典雕塑来进一步强调空间的个性（图3-29）。

4. 细节

在细节方面，西餐厅还十分注重餐具、酒具的摆放。台布通常以单色为主，如纯白、墨绿、暗蓝等，以便更好地烘托餐具的精致（图3-30）。

3-29

3-30

3-29 上海M1NT餐厅的家具多选用色调沉稳的皮沙发，显得简洁而厚重，墙上的挂画更是成为空间中"造色"不可或缺的元素

3-30 日本东京皇宫酒店餐厅不同的大厅和散座区采用了同样的白色桌布，显得简洁干净，并且很好地衬托出了精致的餐具

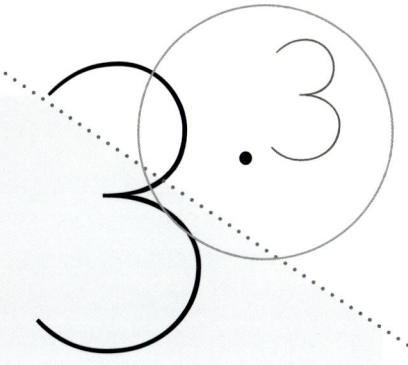

3.3 宴会厅的空间设计

宴会厅大都附属于宾馆、酒店和大会堂，是专门为举行大型宴会和其他活动而设置的，例如婚庆宴会、鸡尾酒会、冷餐会等，也可用于举办会议、展示或联谊等大型活动。其规模通常在满座时可同时容纳200~500人。

由于功能上的要求，宴会厅往往具有以下特点：首先空间比较大，常为矩形，也有扇面形，这样便于灵活布置；第二是设备完善，有贵宾休息室，还有舞台、化妆间、设备间等配套的空间；第三是一般追求空间华丽高贵的气氛，对于空间氛围的营造比较讲究，尤其是国家级的宴会厅，还要突出其庄重性（图3-31）。

3.3.1 宴会厅的外观设计

由于宴会厅承接的一般是大型活动，所以外部设计要尽量做到豪华大气。独立式的宴会设施通常用于特殊场合，因为这里环境宜人，可以吸引到大量顾客。位于大型建筑群内的宴会厅最好在停车场附近，以便于不在这一建筑内工作的人们在此就餐（图3-32）。

3.3.2 宴会厅的室内空间功能分区设计

在入口设计上，最好保证两个或两个以上的出入口，并与主要门厅、过厅和通道相联系，这样在交通上就能基本保障出入人流的顺畅。由于宴会厅场地较大，为了便于经营管理，最好有独立对外的出入口，这样对于大厅而言便于独立经营。

宴会厅的层高可以依据实际的使用面积大小和使用规模，也就是以最大就餐人数来定，大型宴会厅层高可以在5m左右，小型宴会厅一般控制在3m左右比较适宜。

1. 入口区

前厅是进入宴会厅的首要空间，这是一个完成各项准备工作的过渡性空间。前厅主要用来进行接待、登记、等待、展示、分发资料等。无论是前厅的等候区还是流通区都要便于顾客进出，因此，前厅应有直接通向大厅的出入口，出入口应设双开门，其尺度可以大于普通门（图3-33）。

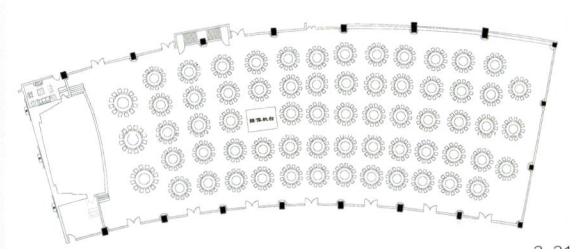

3-31 北京世纪金源大饭店的宴会厅平面布局，从图中可以看出，除了大厅中数量众多的圆桌外，还有供观演的舞台，此外还有诸如化妆间、设备间等辅助空间

3-32 山西太原大明宫福洋酒店的外观设计大气而不失传统，具有地方特色

2. 就餐区

宴会厅的就餐区是进餐或举办其他活动的区域，必须在设计时考虑到其使用时的灵活性。在用于进餐时，能提供足够的餐桌餐椅，而有会议时，则能迅速调整为会议桌椅及主席台，甚至有时能成为晚餐的舞会场地。因此，与之相应的大厅周围要有足够的空间存放桌椅和相关设备。

（1）大厅的布局

就餐区的大厅是宴会厅的主要空间，为了方便灵活使用，一般设置成接近正方形的矩形平面，但有时也会根据原建筑平面进行布局（图3-34）。空间布局宜左右对称，以突出庄重的氛围（图3-35）。宴会厅强调宾主礼仪，桌椅的摆放必须井然有序，主宾席靠近舞台，并保证处在大厅的中轴线上。如果主宾席人数较多，其餐桌中间可以摆设有景观或鲜花的环形大桌，以示尊贵。

（2）大厅的功能

为了适应多种用途，大厅的空间通常设计得很灵活，可在大厅中设置拆装式或折叠式隔断（图3-36）。在大厅的两侧可以有一定长度的服务通道，从厨房间到用餐空间的所有区域都可方便进入，每个通道设置几个服务口，以保证及时顺畅地传菜和提供服务。顶棚的高度在设计时可以适当降低一下，这样在视觉上会显得更为亲近一些。

3-33 苏州御庭精品酒店宴会厅的设计，其宴会厅有多个出入口，能够同时满足人数较多的顾客进出大厅的需求

3-34 神州半岛喜来登度假酒店位于海南岛东海岸的天然半岛之上，其宴会厅的布局呈弧形

3-35 索菲特曼谷特色酒店位于Sathorn路和Rama Ⅳ路的转角处，是一家具有时尚现代外观、极具吸引力的顶级奢华酒店。其宴会厅采取左右对称形式，配合灯光效果，显得庄重而不失典雅

3-36 顺风肥牛作为一个老的连锁品牌，在四川成都店宴会厅的设计上注意了各区域之间的分隔和关联

3. 舞台区

宴会厅的舞台是用来举行各种表演或是主持会议的区域，其功能不必像专业舞台那么专业，只要具有比较完善的灯光、音响设施和必要的化妆间等就可以了。此外，在舞台附近还要设置休息室，提供贵宾休息的地方，类似于小型接待室。休息室最好由门厅直接出入，并可直接通向舞台（图3-37）。

3.3.3 宴会厅的装饰与陈设设计

宴会厅是一个相对喜庆、华丽、庄重的就餐环境，所以设计时要强调这种气氛。在进行整体空间营造时，以偏暖色调为佳。在选材方面，可以使用暖色调为主的石材、木材等。由于宴会厅的层高一般偏高，有时在舞台区还有演出或会议等，可以选用软质材料，例如墙布、吸声板等，充分发挥其吸音功能，减弱大厅的混响。另外，地毯、木、竹、壁纸等材料质地较软，也有一定的吸声性（图3-38）。

在宴会厅大厅四周的立面装饰上，考虑到层高较高的因素，可以用石材和木材作为墙裙，一般在1.2m以上，既可以保护墙面下部，又可以起到烘托大厅气氛的作用。在处理门、窗、墙的关系上，可以按开间用有规律的处理手法，使彼此之间在虚实、比例、色彩、质感上形成有节奏的对比，同时充分发挥窗帘、壁灯、挂画等各种要素的相互作用（图3-39）。

由于宴会厅开间较大，层高较高，有梁柱这样的原始结构直接外露，设计时可以利用原有的结构，巧妙地根据比例关系附加一些"结构"，形成以结构为特色的空间（图3-40）。在地面的铺装处理上，一般可以满铺华丽的地毯或是石材等，但应注意的是，整个宴会厅的风格应以整体、大气为宜，切忌零碎、杂乱和花哨（图3-41）。

3-37 富春山居度假村酒店位于杭州富春江畔，宴会厅的舞台能够进行小型表演和会议，有着较为完善的功能，毗邻的附属用房能够提供设备等方面的支持

3-38 上海浦东文华东方酒店位于黄浦江畔多功能开发项目"陆家嘴滨江金融城"之中，宴会厅的设计显得大气、典雅

3-39 位于福建福州的岸芷汀兰茶道会所借鉴了老子思想中"无中生有"之道，有意识地虚空宴会厅的顶面造型及地面陈设，突出立面上材质的质感对比

3-40 上海彩蝶轩的宴会厅依据原有的建筑室内结构，巧妙地根据比例关系附加了一些装饰性"结构"，形成富有特色的顶部界面

3-41 上海喜达屋酒店及度假村国际集团旗下的衡山路十二号豪华精选酒店坐落于上海最时尚并久负盛名的街区之一——衡山路，其宴会厅的地面采用满铺地毯的形式，在举行大型宴会时可以铺设红地毯，突出高贵、庄重的就餐氛围

3.4 快餐厅的空间设计

快餐厅顾名思义，指的是能够提供快速餐饮服务的餐厅。由于目前生活节奏加快，许多人不愿意在平时的饮食方面花太多的时间，而快餐店恰好可满足这部分人的需要。服务效率是快餐厅空间设计中需要注意的核心，对于顾客从进入餐厅点单、候餐、就餐，甚至提供外卖服务的窗口等，在空间中的功能分布都要考虑周全。除了像麦当劳、肯德基这样的连锁餐饮企业外，快餐厅的规模一般不是特别大，空间布局相对来说较为紧凑，以能快速翻台为营业目的。快餐厅室内要明快、简洁，可以通过单纯的色彩对比、简单几何形体的空间塑造、整体环境层次的丰富等，取得快餐环境所应得到的理想效果。

3.4.1 快餐厅的外部设计

许多快餐厅依附于现有的建筑，因此，外部结构不是重点考虑的因素。但是，如果快餐厅设置有外卖窗口，就必须考虑外部的统一设计。事实上，大多数快餐厅在处理外部设计时都注意到了醒目的重要性，因此门头造型和色彩的夸张处理、地面的铺设、艺术品的摆放、服务区的窗口设计都是设计的重点。大型的快餐厅可能包租整个楼层，在进行楼层外部的立面设计时就更要注意设计统一的简洁性（图3-42）。

3.4.2 快餐厅的室内空间功能分区设计

快餐厅的核心诉求是提供快速高效的服务，因此其室内各功能区的布局要尽可能做到配合高效而有序。例如，快餐厅的厨房（制作区）与取餐口之间就存在着服务效率上的密切关联。当外卖窗口与点餐窗口同样位于室内时，就要格外注意其交通的顺畅问题。不管怎样，对于提供外卖服务的快餐厅来说，先在窗口支付再去取餐的模式会提高服务效率。

1. 入口区

快餐厅的入口空间一般比较有限，仅用于顾客取餐盘或是提供径直走到取餐窗口的通道空间。这也意味着入口处有时需要处理得长而宽敞，因为顾客排队的地方也是取餐处（图3-43）。

3-42 好伦哥比萨自助型快餐厅的外观设计，采用墨绿色和中黄色作为企业的标识

3-43 吉野家快餐厅的入口区，顾客可以径直走到服务区进行点餐，并且柜台前预留了较大面积，提供了当顾客较多时排队的空间

有外卖窗口的快餐厅应尽量位于临街的地带，且外卖入口和正门入口要分开设计（图3-44）。有的快餐厅把一次性餐具放在入口处，由顾客自行拿取，这样可以缩减柜台服务员包装食品的时间，但是不利的情况是这种自助式服务会导致成本增加和一些不必要的浪费，因为顾客带走的餐具用品往往比实际需求要多。如今越来越多的快餐厅在取餐台把食品和餐具以点对点单独分发的形式提供给顾客，这是一种改良后行之有效而又不会产生浪费的方法，惟一增加的是服务员的劳动强度。

2. 备餐区

快餐厅的备餐区往往和厨房结合起来考虑。在就餐的高峰阶段，顾客的数量在不断增多，并且他们所花费的时间不会很长，这样就需要比较宽敞的备餐空间来制作和输出食物（图3-45）。另外，设置多个收银台是最基本的要求，因此，备餐区取餐台的布局就显得尤为重要。

在理想的设计中，每个取餐台前顾客队伍的数量应是一致的，但在实际操作中总会有个别收银台前出现人数较为集中的情况，所以设计师在设计工作站及其元素的时候，应熟记市场的趋势，以便通过增加空间温馨的灯光、色彩、质感等因素，提升空间的整体品质（图3-46）。

3. 就餐区

（1）整体氛围

快餐厅在就餐区的整体设计上一般追求明快的设计风格。明亮的灯光、简洁而干净的空间氛围是传统快餐厅就餐区的特点，因为这种特点易于维护，便于快速翻台并且富有活力（图3-47）。在保证整个空间硬装设计的同时，有时可应用艺术品和柔和的局部照明、配色方案，使整个餐厅变得更加柔和（图3-48）。

（2）儿童游乐区

类似于麦当劳和肯德基这样的连锁式快餐厅还有专门的儿童游乐区。这个区域应设置在父母就餐或是家庭式聚餐区域的附近，以便于他们在就餐的同时可以看到自己的孩子。游乐区的设施必须采用容易清洗的材料，以便降低维护成本，同时还要保持游乐区的卫生，保持环境的干净整洁，这样才能保证儿童在使用过程中的卫生安全（图3-49）。

（3）快速翻台

由于快餐厅的经营特点是通过快速翻台来追求利益的最大化，因此，其设计目标应重点放在可快速翻台、易于维护等方面。如果就餐区过于舒适就会承受来自需要不断翻台带来的压力。例如，快餐厅如果选择提供比较舒适的

3-44 麦当劳快餐厅的外卖窗口，一般情况下这个区域毗邻大门，因为这样设备和储存间可以统一进行管理

3-45 莫斯科一家麦当劳快餐厅的制作间和备餐间，值得注意的是操作区和备餐区留有足够宽度的通道空间，以便于工作人员进行操作

3-46 一般快餐厅的收银区会安排多个收银通道，位于莫斯科的这家麦当劳自然也不例外，照片显示的是从收银区的一个角落观察顾客排队结账的情景

3-47 德克士快餐厅的就餐区装饰性的墙面和餐椅的色彩交相呼应，体现明快、活泼的就餐环境

3-48 和合谷快餐厅的就餐区局部照明设计，主要以暖色调为主，突出就餐氛围

3-49 肯德基餐厅的儿童游乐区

椅子，顾客就会占用比较长的用餐时间，这显然是对快速翻台不利的，尤其是在就餐高峰阶段就更为明显。但是，值得注意的是，对于这个问题在设计上不能绝对化，例如，有时布艺或是皮质椅面能够让顾客感到更为舒适，能为下次光顾做好铺垫（图3-50）。此外，提供就餐时能够让人放松的背景音乐也是很有必要的。

（4）细节

大多数快餐厅的就餐区都会继续划分为几个小型的就座区，利用局部吊顶或吸音墙饰来消除噪声。这样做的另一个好处是能在营业的非高峰阶段为服务员进行清洁提供方便（图3-51）。

在现在的快餐厅，如果能提供无线网络，这无疑能成为不可小觑的优势。同时，还可以有随时能用的电源连接，这样对于那些习惯于使用笔记本电脑的用户来说是很方便的，但这也意味着这类就餐者在餐桌上停留的时间要相对长一些（图3-52）。

3.4.3 快餐厅的装饰与陈设设计

快餐厅的装饰与陈设应以简洁、明快为主，这就要求在视觉层面上尽量化繁为简。在快餐厅装修设计时室内的色彩基调要明亮，给人一种清新愉快的感觉，促进顾客的消费热情。快餐厅明亮的空间效果可以从墙面、地板、餐桌、餐具、吊顶等入手，各个方面都要以亮色调为主。餐具和桌布的选择要注意色彩和样式的搭配问题，要符合餐厅装修设计的风格。为了使餐厅的气氛更加和谐温馨，内部也要摆放一些装饰品。我们可以选择一些植物和珠帘、风铃进行适当的装饰，既能提高档次又能营造氛围（图3-53）。

3-50 必胜客餐厅的就餐区，靠窗卡座区和弧形卡座区均采用软质的沙发椅，提高了就餐的舒适度

3-51 味千拉面的就餐区使用传统的浮世绘作为墙饰，在突出餐厅主题的同时也便于服务人员进行清洁

3-52 不论在哪儿，星巴克咖啡厅都能提供免费的无线网络，顾客在这享受美食的同时还能用移动设备进行网上冲浪

3-53 必胜客快餐厅通过简洁醒目的灯光、充满生机的植物以及放置在桌面的鲜花等装饰手段营造了一个舒适、温馨的就餐空间

小结

不管哪种类型的餐厅，其空间设计都会有一些共同点。在空间规划时，首先确定餐饮服务的对象、性质以及规模，然后再重点对平面布局进行设计，这是相当关键的，因为涉及很多与营业相关的功能性问题。立面的考虑对空间整体氛围的营造至关重要，是视觉层面的重要因素。当然，顶棚和地面的处理也不能忽视，此外最后的装饰品和陈设也对软化空间起着画龙点睛的作用。

思考练习

1. 常见的餐饮空间有哪些不同的类型？

2. 每种不同类型的餐饮空间有何特点？

任务书

针对一条商业街进行调研，然后把调研结果进行比较分析，找出不同类型餐饮空间之间的异同。

第4章
细部设计

餐饮空间除了整体的空间布局，还面临着一系列的细部设计，其中涉及的一些环节和因素有可能在整体规划前就要考虑好，例如家具的搭配和选择；有些需要和空间的整体规划一起来考虑，例如照明和无障碍设计；有些则是等完成整体的空间设计之后再去完善，比如餐具、软装饰、配饰品、宣传品等。

4.1 家具

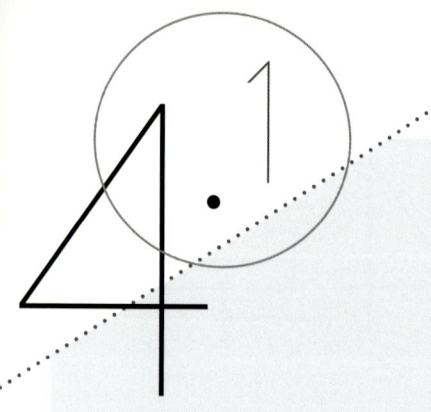

餐厅的室内风格在很大程度上受家具影响,所以在设计前期,就应对餐桌、餐椅的风格有一个大致的意向把握。餐厅面积大小有别,要根据餐厅面积对餐桌合理安排,如餐桌、椅的形状比例要与空间整体容量相协调。因此,餐桌尺寸不仅要让餐厅面积有效使用,还要考虑顾客使用的舒适度以及服务人员的工作方便程度。

4.1.1 餐椅

从顾客进入就餐空间时起,与其身体接触最为密切的家具就是椅子。餐椅会很快地影响到顾客对就餐空间的感觉,并潜移默化地左右着其就餐时间和在就餐区停留的时间。餐椅的外观、形态、高度和宽度、与餐桌的相对距离、与其他座位的间距,甚至与整体室内在视觉层面上的关联,这些细节都会影响到顾客对就餐环境的整体感受。

1. 餐椅类型

从餐椅的分类来说,按材质可以分为实木椅、钢木椅、曲木椅、铝合金椅、金属椅、藤椅、塑料椅、玻璃钢椅、亚克力椅、板式椅、杂木椅、宝宝餐椅和圈椅等。按餐椅用途可分为中餐椅、西餐椅、咖啡椅、快餐椅、酒吧椅等。

(1)中、西餐厅的餐椅

中、西餐厅的就餐时间相对比较长,因此餐椅要保证人的舒适感:座椅的座面要符合人体臀部与腿部的曲线,靠背要符合人体腰部、背部的着力点。400mm的座高,腰部肌肉活动率最高,这样的座高使人坐上去略向后靠,感觉舒适、放松。最佳餐椅的国际标准尺寸为:430mm高的餐椅,460mm见方的平面尺寸,这样人坐上去腰部不易疲劳(图4-1)。

(2)快餐厅的餐椅

对于快餐厅而言,硬面的曲木餐椅长时间倚靠的话会让人感觉不适,这样可以加速顾客就餐(图4-2)。这种餐椅对于一些体型娇小和中等身材的人来说还算舒服,但不大适合身材魁梧的顾客,所以,在有些快餐厅中不只是设置单一的餐椅,同时会补充一些经过修整并添加扶手的大木椅,这样会满足体型较大顾客的需求,使这类人群在就餐时感觉更舒服(图4-3)。

(3)带扶手的餐椅

对于现代餐饮空间而言,我们已经很少见到带有扶手的餐椅,这是因为扶手椅比较占用就餐空间而且不利于收纳,但是如果从就餐群体来看的话,这种座椅对老年就餐者的帮助是很明显的。扶手椅在实际使用过程中是比较舒适的,老年人可以借助扶手站起来离开座位,或是就餐完毕后双手放置在扶手上休息片刻。但是,这类扶手椅不宜成为主要的就餐椅使用,可以在有老年人就餐或有特殊需要的人群时再配合使用。另外,餐椅的填充物和椅套的质量也会影响到其舒适度(图4-4)。

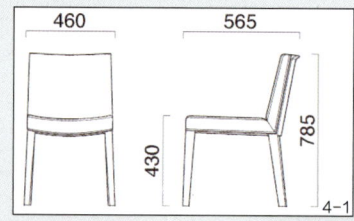

4-1 一个标准餐椅的尺寸,就餐舒适是对餐椅的基本要求

4-2 硬面的曲木快餐椅让顾客久坐以后会有不舒适的感觉,以此来提高翻台率,加速进餐过程

4-3 椅面较大的扶手椅,适合体型较大的顾客

4-4 对于老年顾客而言,就餐时椅子的整体舒适度很重要,尤其是餐椅的填充物和椅套的质量也会影响到其舒适度

（4）卡座区的餐椅

在西餐厅或者快餐厅的卡座区，一般会设计2人或3人座的软长椅或是4人至6人座的环形椅（图4-5）。另外，高背椅式的雅座和火车上的椅子一样，会显得比较具有私密性（图4-6）。

（5）餐椅的装饰性

不同类型的座椅除了在功能上与整体空间应保持协调外，还会给就餐环境营造出不同的氛围。富有个性的餐椅意味着时尚，而餐椅上精美的图案设计也能为餐厅的气氛锦上添花。设计师可以通过额外添加一些饰品或坐垫来确保座椅的舒适，这样有利于唤起顾客对某个主题的联想（图4-7）。

2. 餐椅材料

（1）木质餐椅

木质的餐椅易于保养，结构稳定，而且重量一般较轻，便于移动。在中餐厅普遍易于接受木质餐椅，当然，对于档次较高的餐厅而言，为了缓和全实木椅硬邦邦的感

4-6

4-5

4-8

4-5　海南海口拾味馆餐厅在就餐区使用了2人或3人座的软长椅或是4人至6人座的环形餐椅

4-6　黄记煌三汁焖锅餐厅北京亚运村店的餐椅除了有4人至6人座的高靠背餐椅外，也有供两人就餐使用的高靠背椅

4-7　上海Y2C2餐厅的餐椅图案设计时尚有趣，为餐厅增色不少

4-8　作为福建福州有名的川菜馆，说麻道辣川菜馆达明店的餐椅也很考究，采用了简洁的新明式家具的样式，并在椅面的舒适度上考虑得很周全

觉，可以考虑把餐椅设计得较开放并增添靠垫或坐垫。质地较好的尼龙或羊绒、丝绸等材料最好用于椅背上，而不是用于座底，否则座底易于磨损（图4-8）。

（2）塑料餐椅

塑料餐椅也常用于一些就餐环境中，比如排档或是户外就餐区。塑料餐椅的优势是比较轻便，造价较低，但是因为在户外经常使用，在紫外线长时间照射下椅子会变得脆弱，容易变形或在承重时裂开（图4-9）。

4-9

（3）皮革餐椅

皮革座套给人一种高雅的感觉，并且非常耐用，也便于清洗（图4-10）。此外，有些餐厅会针对女性顾客提供用于保护其挎包或提包的餐椅套。

3. 餐椅结构

除了餐椅的材料需要注意外，餐椅的结构设计和人体工程学的舒适性也要巧妙地结合起来。餐椅不仅要看上去有高雅、华贵、新潮、简洁、明快等特征，还要能以最舒适的形式支撑顾客的身体。

（1）影响餐椅舒适度的因素

餐椅的尺寸、靠背、形态等因素是具体影响到顾客就餐舒适度的重要因素。在不同的就餐场所，对餐椅的功能和尺寸要求也各不相同。例如，在西餐厅的酒吧区，其吧椅通常都是无靠背的，且整体高度要比一般的餐椅高一些（图4-11）。此外，餐椅的尺寸也必须考虑到餐桌的尺寸高度，以便达到最佳的就餐尺度。餐椅过高或过低往往会造成顾客就餐时的不适（图4-12）。在一些讲究格调的西餐厅中，带有坐垫的扶手椅可以确保让顾客长时间进行就餐，但是，对于快餐厅而言，光滑的餐椅面带有向下倾斜的设计会不利于顾客长久坐在这里，因此可以在很大程度上提高翻台率。

4-10

4-11

（2）餐椅的使用寿命

餐椅的使用寿命也是值得考虑的因素。餐椅的磨损程

4-9 塑料餐椅最大的特征就是轻便且易于存放，特别适合在户外使用，但不利方面是在长时间紫外线的照射下比较脆弱，这是由塑料自身材料的特性决定的

4-10 上海世博洲际酒店餐厅选用皮革沙发椅，给人以高雅的感觉，提升了餐厅的整体品质

4-11 白俄罗斯老城阁楼上的怀旧酒吧位于白俄罗斯明斯克老城中的一个阁楼上，其吧椅选用无靠背样式

4-12 北京千禧大酒店位于北京市朝阳区CBD的核心区域——财富中心，其室内的餐椅经过精心布置，使得顾客在此就餐倍感舒适

4-13 有安全系带的儿童餐椅能够很好地保证儿童的就餐安全，也让家长能够安心就餐

4-12　　4-13

度会影响顾客就餐时的使用和心情。对于公共的就餐空间而言，餐椅应选择坚固耐磨的结构和材料，必须对餐椅受力集中的地方采取保护措施，防止发生由于受力集中而破坏的现象。有必要时，可以采取定制餐椅的手段，进行单独的结构加固。

（3）儿童餐椅

如果在一些需要长时间就餐的餐厅能够提供专供幼儿坐的餐椅的话，那么对于家长们安心就餐是很有帮助的。幼儿餐椅一般为木质椅具，除了有保证其正常就餐的就餐台外，还要有专门保护幼儿的安全系带（图4-13）。但是需要注意的是，在平时没有使用这类餐椅的情况下，需要有足够的空间储存这类餐椅，以便在需要时能方便迅速地拿出来使用。

4. 餐椅布局

最常见的餐椅布局通常是以多人围合或是双人对面以及单独设置的形式布局的，但是也有以统一的长条形的环形椅或是直线形的椅子进行分布的，这些座椅能将顾客环绕其中，也能限定其视线，保证就餐的相对私密性。多种多样的餐椅能让顾客按照自身的需求选择更为私密或是更开放的空间。另外，餐椅的选择还会影响到特定就餐空间所能容纳的座位数量（图4-14）。

4.1.2 餐桌

餐桌的大小、形态、表面的材料质感以及所处的位置，甚至与整体就餐空间环境的搭配都是需要在设计时考虑到的细节。人们对于一件家具的评价往往是从外在形态开始的，如果外形缺乏美感，一般也就不会有兴趣继续关注下去了。所以，造型对于餐桌设计而言，将直接影响到顾客的就餐感受。当然，除此之外，还有一些与之相关的因素也必须考虑进去，例如，就餐人数的多少对桌面面积

4-14

4-14 江苏无锡清和楼餐厅中的餐椅根据功能和所在区域的不同而设置，丰富了空间的同时也使顾客有了更多的选择

的要求，或是餐厅的类型对餐桌的不同需求等。

1. 餐桌类型

（1）大型餐厅的餐桌

如果是宴会厅或是大型餐厅，餐桌就要选用能够摆放整套餐具和玻璃用具的餐桌。有些高规格的就餐场所会提供自动旋转餐桌，有些甚至会在餐桌中央布置喷水景观等元素（图4-15）。

（2）西餐厅的餐桌

对于西餐厅而言，可以采取灵活的餐桌搭配方式，将大小不一的餐桌进行合理地搭配，以便为各类不同人数的顾客群体或个人提供就餐空间，同时还能增加视觉吸引力。此外，餐桌大小的配置还要考虑到餐具的数量和大小，以便在使用功能和视觉上形成和谐统一的效果（图4-16）。

（3）中小型餐厅的餐桌

中小型餐厅以适合我国现代家庭结构的2人至4人用的小型方桌为主。餐桌高度以胳膊活动方便、不遮挡视线为宜，餐具应在视线以下，所以餐桌高度应不高于750mm（图4-17）。

（4）快餐厅的餐桌

快餐厅可以设置一定数量的单人餐桌，这样顾客不必经历与陌生人面对面就餐的不适。再者，快餐厅的经营关键在于就餐人数，一人一桌，即便几人一起就餐，也不便左右周旋，从而影响进餐速度，所以单人餐桌是快餐厅最理想的餐桌类型。或者采用一套沿着软长椅摆放的组合套椅，在顾客很多时，可移到一起使用（图4-18）。

2. 餐桌材料

餐桌能被顾客看到的最主要的是桌面，因此，餐桌的桌面材质是很重要的。从餐桌本身的材料上来说，有石质桌面，比如大理石、人造石、磨光花岗石等，还有玻璃桌面、木质桌面和其他硬质桌面等（图4-19）。

在选择桌面材料时，要注意除了考虑餐厅的类型外，还需要关注其耐用性和易清洁性。如果在就餐过程中或是等到顾客就餐结束后不利于服务员进行清洁的话，势必会

4-15

4-16

4-17

4-18

4-15 北京燕莎中心凯宾斯基饭店宴会厅的餐桌布置得大气、富贵，充分展示了餐厅的形象和档次

4-16 墨尔本中心美食广场餐厅的餐桌布置区域分明，有很强的秩序感

4-17 北京三里屯小城知味餐厅的餐桌以方桌为主，适合家庭式的就餐方式

4-18 伦敦Cornerstone咖啡店的餐桌在桌面的图案上设计巧妙，既可以分开，也可以合并在一起

给顾客留下不好的印象,所以在选择餐桌材质时需要格外注意到这一点(图4-20)。

3. 餐桌结构

对于餐桌的结构来说,餐桌的牢固性是首先需要关注的问题。餐桌的承重部分,也就是底座部分,需要根据桌面的材料重量、餐桌的使用方式以及地面的材料类型进行综合考虑(图4-21)。餐桌的底座必须足够牢固,以便支撑整个桌子的重量。此外,底座也要注意到整体稳定性的问题,因为当餐桌支架的结构不稳时,就会产生晃动,从而影响到顾客的正常就餐。

4. 餐桌布局

(1)餐桌布局对就餐氛围的影响

根据餐厅的不同类型和餐桌的形态,餐桌的布局类型会给顾客带来各种不同的感受。比如,在大型宴会厅中,由于餐桌与餐桌之间的距离比较近,容易形成热闹的气氛;而对于西餐厅而言,偏居一隅的条形餐桌却给人一种安静的感受(图4-22)。

(2)餐桌的位置

每位顾客都希望能够坐到最佳位置,但是,每个餐厅不可能提供十全十美的座位,然而却存在着相对较好的桌位,在这里就餐的顾客可以一览整个餐厅的景致。在布置餐桌时,每个餐桌之间的间距和餐厅内部的交通流向都需要考虑(图4-23)。

(3)与餐桌对应的照明设计

此外还要关注到与餐桌密切关联的因素是每个餐桌对应的照明设计,因为在设计的初期就要对基本的灯光布局做出相应的规划和设计,所以后期的餐桌布置就要基本上遵循之前的灯光布局,与之相对应(图4-24)。

4-19 成都宽窄巷子大妙火锅餐厅的餐桌采用大理石材质的桌面,并充分考虑到火锅用餐的特殊性,在餐桌上有专门供烹制火锅的操作区域
4-20 望江南餐厅位于福州仓山万达广场内,就餐区的餐桌在传统形态的镂空木质桌面上铺设了玻璃,这样有利于服务人员进行清理工作
4-21 有时候餐桌的承重部分不一定是常见的四个桌脚,而是还有更多的可能性
4-22 加拿大多伦多香格里拉酒店餐厅以圆形桌面为主的散座区和以长条形桌面为主的卡座区泾渭分明,给人以不同的就餐感受
4-23 上海浦东文华东方酒店餐厅内部散座区和卡座区之间的交通流畅,为服务人员和顾客的走动带来方便
4-24 香港Mango Tree餐厅的照明设计独具一格,后期相应的桌面也要根据灯具和照度来进行布置

4.2 无障碍设计

要具体地做到餐饮空间的细部设计，就要考虑到生活中的一些细节，并把它们融入各个功能空间及设施的细节设计中去。无障碍设计，特别是中小型餐饮空间的无障碍设计，是常常被忽视的，甚至很多餐厅设计根本就没有考虑过无障碍设施。餐饮空间的无障碍设计要在细节上注重对顾客身心的关怀，针对特殊就餐人群进行设计，主要表现为餐饮环境中室内设施在尺度、标识、设施等方面的人性化。

事实上，无障碍设计并不仅仅是残疾人专用的，它的服务对象包括残疾人、老年人、儿童及其他行为不便的人群。现代餐饮空间的设计要更加注重顾客的生理和心理感受，强调对各种人群的关爱，而不仅仅是视觉上的感官满足；要充分考虑人的各种需求，不仅要在功能分区、设计风格等设计上做出相应的转变，还要体现对特殊群体的特殊关怀。所以无障碍设计虽然在餐饮空间设计中显得好像是可以被忽略的一环，但是在细节方面却处处体现着人性化的温暖。

4.2.1 针对不同人群的细节设计

餐饮空间归根结底属于公共空间，餐饮设施的设计应为所有人考虑，其使用人群中有不同性别、年龄、职业的人，包括老人、妇女、儿童，又有健康人和残疾人，应该分别去满足他们的具体需求。设计师在具体的细部设计上要体现出对人的关爱。

1. 面向大众的细节设计

（1）洗手间水龙头的设计

餐饮空间服务于大众，要考虑多数人的需求，比如可以在洗手台安装感应水龙头，使人的使用方便卫生，还可以考虑到不同季节对于水龙头水温的调节。虽然由此增加了运营成本，但在实际使用过程中，会让顾客在心理上留下较好的印象（图4-25）。

（2）呼叫服务系统

在就餐高峰时期，由于服务人员繁忙，如果没有及时赶到需要服务的餐席为之服务，顾客往往容易心浮气躁（图4-26）。此外，还可以考虑完善服务呼叫系统，将员工用的服务终端或是无线点菜设备等，延伸到为顾客餐桌设置呼叫系统，用以提高服务效率，从而保证顾客在就餐过程中心情舒畅（图4-27）。

2. 针对老人、孕妇的细节设计

老人、孕妇的行动不大方便，体力不够充沛且容易疲劳，在一定程度上还需要他人的搀扶。所以，在就餐区要为他们提供等待和休息的专用座位，餐席要有较舒适的座椅（图4-28）。在走廊要设置供他们使用的扶手，在卫生间和公共区域等活动幅度较大的场所也要设置扶手，方便其行动和扶助（图4-29）。

4-25 江苏无锡村前会所餐厅的洗手台采用感应式水龙头，并可以调节温度，给顾客带来了便利

4-26 工作人员可以利用位于收银区的服务终端轻松地进行点餐及配送菜品等服务，大大提高了服务效率

4-27 位于顾客餐桌上的呼叫系统可以便于顾客随时呼叫服务人员，在一定程度上能够使顾客在用餐过程中心情舒畅

3. 针对儿童的细节设计

儿童作为弱势群体，需要特别的细节设计和关怀。麦当劳的洗手台高低有别，目的在于为儿童或残疾人提供方便的服务。这种注重尺寸高低区别的设计，在各大餐饮空间中的运用已经很普遍，今后的人性化考虑将会越来越细，要考虑到各种人的使用和尺寸需求，比如可以感应升降的洗手台，为儿童设计的座椅、楼梯扶手等（图4-30）。

4.2.2 导识设计

餐饮空间中的导向识别符号要简单易懂，要考虑到各种文化程度的人和残障人群的生理和心理需要，比如为未识字儿童或盲人考虑设计的导向识别系统，使服务的细节也能在视觉识别层面有所体现。

1. 针对老人和儿童的导识设计

老人、儿童对现代的流行符号和文字识别等理解和接触不够，要充分考虑到老人和儿童的年龄特征，导向识别、图案元素的传达要尽量简单易懂，设备的使用标识也要简便易懂，保证人操作的简便性，比如水龙头的使用和冷热水的使用识别（图4-31）。为更好地引导儿童的行为，要采用具有趣味性的图案和色彩识别（图4-32）。此外，考虑到人们在就餐过程中需要的走动，可以在地面设置简单易懂的指示Logo，使人们轻松方便地找到卫生间、服务台等服务性场所（图4-33）。

2. 针对外国顾客的导识设计

在各大城市，有大量的外国人到餐厅就餐，但是多数餐厅并没有为外国人设计专门的识别系统。餐饮空间人性化的设计，也要为之考虑，比如菜单和公共场所要附加英

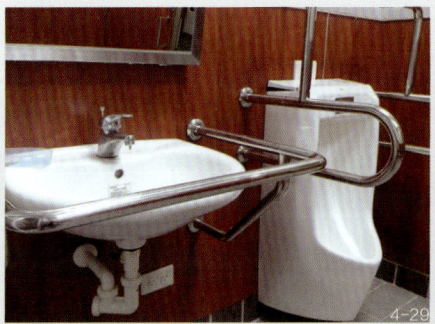

4-28 江苏无锡伴山惠馆餐厅包间的休息区设置了舒适的沙发，老人可以在此喝茶休息
4-29 餐厅卫生间可以考虑为老人等弱势群体进行细节设计
4-30 麦当劳餐厅卫生间有为儿童设计的洗手台
4-31 餐厅洗手台的镜面上有关于节水感应龙头的标识，方便顾客查看，从而节约水资源
4-32 美国一家快餐厅卫生间的入口标识，有专门为儿童设计的图案
4-33 肯德基快餐厅户外停车位的标识，由汽车图案和餐厅Logo组成，简洁易读

文翻译和识别（图4-34）。

在设计时可以利用不同材质以划分区域，加以指示标识，让顾客一目了然，并用区域色彩来让人加强其店面印象，方便顾客记忆（图4-35）。在出入口和通道的地面用不同色彩的彩色线条作为方向引导，彩色线条中还可以融入箭头及文字导向，方便外国顾客进行各种就餐活动。

4.2.3 各功能区的无障碍设计

在餐饮空间设计中，无障碍设计目前已经开始注重各种就餐人群的共同利益，而不仅仅是弱势人群或残障人士，这反映在餐饮空间的各功能区域中就是要注意到其空间的共性和特殊性，以及针对不同人群的设计细节。

1. 入口区

餐厅入口区的坡道、栏杆、扶手的设置要方便轮椅使用者、儿童、老人、孕妇等弱势人群。餐厅入口一般都位于台阶之上，且通常高于室外地面50cm以上，设计师在设计入口时，会精心设计形式优美的台阶，却很少考虑到无障碍坡道。现阶段除了大型酒店和餐饮机构在大厅入口的一侧会安排供轮椅使用者使用的坡道，其余中小型餐厅几乎没有设置坡道。也有很多大型餐饮场所设计了坡道，但是没有为使用者设计扶手和栏杆，这样也会造成不便。

（1）坡道

基于使用方便的考虑，在餐厅入口出现高差的情况下，要考虑设计坡道，坡面不宜采用光滑材料，以50cm高的台阶为例，按1∶12的坡度计算，6m长的坡道才能满足规范要求。如果入口附近用地条件宽松，将6m长的坡道与台阶结合在一起设计即可，然而很多餐厅入口的室外用地非常紧张，确定好入口台阶后，就很难找到设置坡道的位置。对此，可尝试使用室内空间借用的方法解决坡道问题，虽然这样看来会牺牲掉一些入口空间，但从人性化的角度来说却是大有裨益的（图4-36）。

（2）栏杆和扶手

在设计时还要保证坡道的宽度和两侧栏杆、扶手的设置，间隔一段长度尽量提供平台供期间的休息。现实中，坡道的设计也方便了儿童、孕妇、老人等弱势群体，而且普通大众也偏爱于在坡面行走。此外，有些设计师为了丰富室内空间层次，常常将就餐区的地面抬高。从无障碍角度来看，将就餐区局部地面抬高无可厚非，但那种整体抬高就餐区的做法确实是有弊无益。

2. 廊道空间

（1）对儿童的考虑

廊道是餐饮空间里面的主要交通通道，贯穿着平面及垂直交通。从视觉的引导层面来看，主要考虑为儿童提供指引，比如在走廊的地面或墙裙设计连续排列的图案、带有方向性的色彩，方便儿童准确地找到目的地，并保证其安全性（图4-37）；从触觉的引导方面来看，对于视力障碍者，其行动根据其触觉决定。现在多数餐厅并没有为

4-34 带有英文对照的菜单设计，便于外国顾客查阅　　4-35 北京故宫御膳房通过地面材质的转变，清晰地区分了休息区和就餐区

4-36 位于小区餐厅的无障碍入口设计，可使残障人士正常就餐

4-37 北京觅唐餐厅中的廊道采用彩色透明玻璃进行隔断，吸引儿童注意力的同时也具有一定的导向作用

他们考虑通道设计，所以可以考虑在平时通道的旁边或墙裙铺设导盲带，以保证其行走有效、安全。

（2）无障碍垂直通道

在层数较少的餐饮空间，因为涉及成本的因素，没有经营者愿意设置电梯以解决垂直通行问题，然而由此带来的问题是，残疾人无法进入餐饮空间上层的包间。

对于不具备无障碍电梯的餐饮空间，可以通过调整功能布局的方法解决无障碍垂直通行。

（3）为残障人士考虑的包间

就餐饮空间的常规布局而言，首层功能区主要有接待区、休息等候区、过厅、收银区、点菜区、零点就餐区和卫生间等区域，首层以上基本以包间为主。可见，大多数餐饮空间的首层除没有包房以外，其他的功能非常完善。因此，在规划餐饮空间的整体布局时，可在首层设置少量包房，优先供给有残疾体弱者赴宴的就餐群体使用。这样，即使没有无障碍电梯，餐厅也能提供残疾人可达的包间。

3. 就餐区

（1）座椅的尺度

就餐区主要考虑为残疾人、儿童设置符合其身体尺度的餐位和座椅。比如，可以为儿童设计可以调节高度的座椅，附加扶手围合，以保证儿童活动的安全（图4-38）。

（2）座椅的功能

从残障人群的心理角度考虑，可以在餐椅的设计上利用空气升高的轮椅，使残疾人使用此轮椅时根据常人的高度随意提高轮椅，与常人更好地沟通，像常人一样自如地使用酒吧台，享受着同样的生活，从而感觉在心理上得到了尊重（图4-39）。

4. 卫生间

卫生间的空间品质会影响到顾客对餐饮空间的整体印象，无论是餐厅的经营者还是设计师，一般对卫生间的美观性都非常重视，但餐饮空间中的卫生间都为大众尺寸设计，很少考虑儿童适宜的尺寸，也很少考虑孕妇、老人、残疾人等弱势人群的使用和操作方便与否。

卫生间的无障碍问题可从两个方面应对。第一，在进行卫生间布局时，可设计一处残疾人专用卫生间；第二，为了满足儿童的如厕需求，可以借鉴麦当劳和肯德基餐厅的卫生间设计方法，即在卫生间设置高低不同的洗手池和干手机。同样原理，男卫生间内的小便器也需符合儿童的身高特点。

（1）功能

餐饮空间中卫生间的无障碍设计要考虑到针对这些特殊人群，按照其相对应的尺寸、比例做出相应设计，设备要利于各种人群的简便操作。比如，在距洗手盆两侧50mm的位置为残障人群设计牢固的安全扶手抓杆（图4-40）；为儿童设计小尺寸的洗手盆和坐便器。无障碍设计还需要我们更加细微地为各种人的体能差异性考虑（图4-41）。此外，考虑到各种人的使用尺寸，可以设计感应的可升降洗手盆和坐便器。

（2）运用科技

中国2008年残奥会指挥中心，洗手间入口有红外线感应装置，人到入口处时红外线被切断，门自动打开。卫生间均为无障碍洗手盆、坐便器，厕所设有紫外线消毒灯，有人使用时消毒灯停止工作，无人时自动启动消毒。这个大楼中，也为残疾人设计了可利用空气升高的轮椅，让轮椅使用者像健康人一样活动自如。

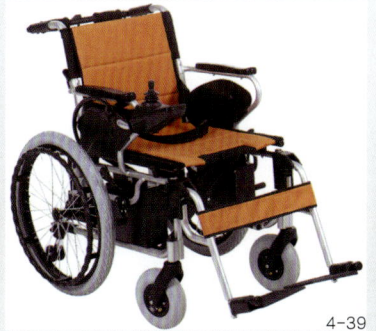
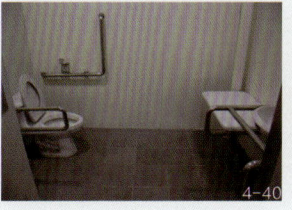

4-38 可以调节座椅高度并带有扶手的儿童用餐椅，可以确保儿童在就餐过程中的舒适和安全

4-39 具有调节高度等附属功能的轮椅，使腿脚不便的残障人士可以和普通人一样就餐

4-40 餐饮空间中专门为残障人士设计的卫生间

4-41 为了儿童使用方便，餐厅可以设置亲子坐便器

4.3 软装饰设计

餐饮空间不仅是满足功能需求的空间形式,同样也是体现文化内涵的一种方式,而将装饰附属于这个空间设计中时,就体现出了餐饮空间设计的文化特征。软装饰利用一些易更换、易变动位置的饰物对室内进行修饰与布置,让人们在就餐环境中感受放松、舒适的心情。软装饰依靠特殊的质感和形式以及与人天然的亲和力,充分协调就餐环境的舒适性和品位性的平衡关系,以满足人们在生活环境中所应有的生理和心理空间的需要。

软装饰主要是由织物、家具、室内饰品、植物等软质装饰物组成。不同的装饰物有不同的特征,且都能为就餐者提供不一样的视觉感受和精神体验。

4.3.1 影响软装饰设计的因素

针对不同类型和档次的餐厅,根据实际情况综合各种因素,选择适合餐厅类型的软装饰设计的内容是十分必要的。要考虑的因素比较多,基本需要注意到大致成本、材质选择、色彩搭配等。影响餐饮空间软装饰设计的因素大致有以下几个方面。

1. 经营的项目及基本经营范围

一个餐厅所经营的是高档菜、中档餐还是低档食品,与之类型相适应,也一般会采取高投入、耐用型或简单实用等软装饰方案。如果软装饰方案与之经营项目和范围不符或出入太大,肯定会影响其实际的经营效果。例如,鲍鱼一般不会在窄小店面的餐桌上出现,面皮和鸡蛋灌饼也不是必须坐在进口红木餐桌上食用。所以,餐饮空间的经营项目和基本的经营范围与配套的软装饰设计之间有一种基本的对应关系或适合性原则。

还有一种情况,在这一基本关系对应的基础和前提下,配套软装饰的档次可以比一般的对应档次显得略高些。当今社会的消费者不但要求经营项目本身的质量,而且还要求一定的附加值,或者说这是一种经营策略,进一步满足消费者的某种心理需求,如"低档消费,中档享受""花同样的钱,体验不同的品质""25元消费享受百元美食服务"。这些广告的本质很大程度上打的就是餐厅的软装饰牌。

2. 针对的主要消费人群

顾客是"上帝",大多数餐厅的经营者都要考虑顾客的审美情趣问题,达到并适合甚至超过他们审美情趣的预期值是精明的商家们常常绞尽脑汁的问题。所以,应从消费心理学的角度研究消费者们的实际素质、消费人群的主要分布情况、他们的经济收入状况和主要来源、消费的直接动机、消费的方式、选择如何完成消费的过程、消费与其收入的比例以及消费质量、对相关因素的心理预期值等。与之对应,相同的产品很可能引发不同的经营效果,软装饰设计也是其中的重要方面。

3. 经营者的实际投入

这实际上是一个经营者的成本核算问题,除去必要的经营手续之外,正常的营业往往还需要很多投资才可以开展并维持,其中也包括对或简单或复杂的软装饰品的投资。软装饰品主要是侧重于高档、耐用还是简单实用等类型,除去考虑主要消费人群、经营项目等问题,资金投入才是实际的和首要的问题。如果经营项目和所针对的消费人群需要高档的软装饰品,并且投资者的实力允许,则实际的软装饰品投资可以接近或采纳预期的高档标准;如果经营项目和所针对的消费人群及实际的经济收入只允许耐用型或简单实用型的软装饰品,那么就应该实际考虑软装饰品与经营空间的适合性原则,使用期限,是否易于维修、拆装、更换或可回收的问题。

4.3.2 中餐厅的软装饰设计

中餐厅的设计在装饰上以传统风格为基调,在灯具上运用民族特色的宫灯造型或其他类似灯具，来烘托环境的气氛。同时，利用屏风分隔空间，放置中国传统的雕花瓷凳、青瓷花瓶、博古架等物品。墙面上可设对联、剪纸等民俗装饰。家具放置八仙桌、太师椅、条案等明清家具。屏风、印染、壁画、毛皮、题字、书法、绘画、器物等器具的借景摆放和传统古香缎的运用，都体现出浓郁的中国传统文化特色，创造出一个个瑰丽堂皇的空间艺术形象（图 4-42）。

4.3.3 西餐厅的软装饰设计

西餐厅和中餐厅是两种风格差异很明显的空间。中餐厅相对热烈，西餐厅则以典雅、明快的浅色调为主（图 4-43）。西餐厅的设计以西方传统建筑形式为主，利用各种装饰作修饰，营造出安静、舒适、幽雅的环境，体现西方人的餐饮文化。欧洲古典气氛的设计中运用墙布进行

4-42

4-43

4-42 江苏无锡村前会所中餐厅的软装饰设计，通过家具、配饰、陈列的搭配营造整体的空间氛围

4-43 上海采蝶轩西餐厅的软装饰设计，各种陈列品和艺术品交相辉映，突出了餐厅的品质

装饰，重点区以软包的形式装饰，再配以欧式古典油画、饰物。灯具采用哥特式的壁灯，家具选用猫脚式家具，某些地方适当摆放少量贵族躺椅来烘托室内气氛。乡村气息的家具设计多采用原木桌椅辅以手工坐垫。在角落位置点缀两三盏壁灯，室内放置欧式瓷盘、银器等饰品，让人仿佛置身于悠游自在的乡间。前卫新潮的设计主要用抽象壁画以及富有现代几何造型的家具作为装饰语言，让人产生轻松愉悦的心情。

4.3.4 其他餐厅的软装饰设计

快餐厅、风味餐厅、酒吧以及咖啡厅都是具有主题的设计空间，因此在这些空间里，要根据人们不同的需求，运用不同的软装饰来营造环境。快餐厅以快为名，主要突出线条的流畅、色彩的明快，应在室内挂一些抽象装饰画，放一些茶花、啤酒桶、面包箱以及随时可更换的桌布及装饰品等来装饰空间（图4-44）；风味餐厅就要根据它不同的特点、配餐需求进行合理设置，可选用具有典型地方特色的绘画、图案、雕塑饰品、趣味灯饰等，让它的主题更加鲜明（图4-45）；酒吧、咖啡厅的设计应以休闲娱乐为主，营造时尚、轻松的就餐环境，要根据它的主题，综合运用壁挂、道具等造型手段，突出其浪漫、温馨、个性鲜明的休闲气氛和感性空间特征，在和谐的基础上大胆开拓思想，寻求新颖的形式，满足不同的消费者的时代感觉和时尚追求（图4-46）；伊斯兰清真餐厅，所有物品均有清真的不同字体或语言书写，深色细木条编成

4-44 肯德基快餐厅室内通过宣传面以及植物搭配获得轻松的视觉感受

4-45

4-46

4-45 广东佛山后街唐厨风味餐厅的软装饰设计，利用混搭的手法营造了空间的趣味性

4-46 白俄罗斯老城阁楼上的怀旧酒吧在灯具的选择和材质的运用上煞费苦心，把"怀旧"的气氛很好地烘托出来

的有圆边的小盘子用于放置碗和餐巾纸或调味品，由黄和绿、红和绿搭配而成的长条图案等（图4-47）；日本餐厅可以包括插花、木质推拉门、小方桌等（图4-48）。

由于餐饮空间的风格很多，每种餐厅所选用的装饰品也不尽相同，不同文化均可对应一套统一的软装饰，彼此之间达到相互呼应、和谐统一的效果就行。

4-47

4-48

4-47 伊斯兰餐厅中随处可见富有装饰性的元素

4-48 "se sa me"是一间位于中央商厦核心区、给高端人士提供优质服务的日式餐厅，在入口的设计上通过材质对比和统一色调获得静谧的意境

小结

餐厅的细部设计关乎顾客对其整体印象。从顾客走入餐厅门厅的那一刻起到就餐完毕离开餐厅，整体设计都应流畅完整，并且每一个细部设计都应反映出餐厅的服务态度。不管从哪方面来说，对细节的精益求精都会为餐厅的成功经营添色不少。

思考练习

1. 餐饮空间的细部设计主要注意哪些方面？

2. 家具在设计和选择上怎样考虑功能性的问题？

3. 无障碍设计需要考虑到哪些特殊人群，以及怎样针对他们做出细节上的设计考虑？

任务书

继续之前的调研活动，并针对性地考察无障碍设计部分，发现问题并尝试提出解决方案。

第5章 餐饮空间的设计心理学

"一流餐厅的桌布总是白色的。"日本平面设计大师原研哉曾有过如此这般的体会。由于用餐时容易弄脏桌面,为了节省劳动力和时间,普通店方就朝着如何隐藏不洁痕迹的方向考虑,于是常选择塑料布和深色材料。因此,特意使用极易弄脏的白布,当然是有理由的。为了提供让人心情愉悦的桌面,总是保持洁白无瑕状态的桌布,能向顾客展示餐厅的优质服务水平。也就是说,一流餐厅将桌布作为传达店方意识的良好媒介。

原研哉的观点是——极微小的环境布置都能影响行为——这是事实,有理有据,正如同他设计的日本山口县光市的梅田医院一样,布这种朴素干净的材质在这里是作为传达心灵的设计而存在的。同样的道理,环境和行为心理学的知识也需要有意识地运用到餐厅设计的实践中去。

5.1 群体心理

餐饮空间具备公共性和商业性这两大特性，这就决定了在进行餐饮空间设计时必须针对这两个特性来进行谋划。其中涉及设计心理学，这是个绕不开的重要话题。而就餐环境中的群体行为对于餐饮空间的设计也有很大影响，值得研究。

5.1.1 从众心理

中国有个成语叫三人成虎，故事说的是以讹传讹，最终是一个莫须有的谎言。这个故事虽然带有强烈的贬义色彩，但我们只要留心仔细观察或是细心体会一下，就会发现其实每个不同的个体都有一种趋同心理，也就是从众心理。这个故事演绎的另外一个现代版本是：一个人在路上对另一个人说话，边说边对着天上指指点点，第三个人看到他们的举动便会抬头看天，到第四个人、第五个人也会抬头，直至引发一个群体效应。大家都抬头看天，尽管天上什么都没有，尽管第一个人对另一个人说的内容并不是关于天上有什么。这种类似于集体无意识的行为对于顾客选择餐厅的影响尤为明显。在普遍认知的驱使下，大家往往会趋向于宁可选择装修一般但门庭若市的餐厅，也不会选择光临装修高档但门可罗雀的餐馆，就是这个道理。当顾客面对一家里面可以坐50个人的餐厅但实际上只坐了5个人时，所做出的符合逻辑的判断是这家餐厅肯定有什么问题。如果这家餐厅没有适当地从平面布局、菜品等多种渠道去进行改善的话，这种近乎惨淡的经营模式一定还会延续下去。

这种类似于蝴蝶效应的连锁反应对餐饮空间设计有着莫大的影响。然而，这还仅仅是探讨关于群体心理的一

5-1 受文化背景等因素的影响，日式餐厅的就餐氛围多以肃静为主

个方面。客人的行为和态度受其与环境因素相互作用的影响，环境因素指的就是"服务空间"。

5.1.2 就餐体验

从餐饮空间设计的角度来考虑，如果能营造一种综合的就餐体验，使顾客的就餐过程更加愉悦，进而产生对就餐空间的美好回忆，那么这就不失为一种成功的设计策略。顾客在记忆中是一种综合的并且带着强烈的个人感受的就餐体验，反映在群体就餐心理上同样也是美妙的，恰如同卞之琳的《断章》中描写的诗句一样富有哲思：你站在桥上看风景，看风景的人在楼上看你。

不可否认，物理因素对于影响群体的就餐体验有着至关重要的作用。物理因素可能是房间里的光照强度、湿度、椅子的触感或桌面元素。例如，对于餐厅来说，选择座椅是很重要的，因为椅子是影响顾客的决定因素——是快速吃完就走，还是慢慢享用食物并和朋友一起畅聊？这种心理反应可以马上转化为行为的特征，继而引发群体效应。

餐饮空间设计中的很多决定都能反映其设计心理，对座椅的选择就是其中之一。所有环境要素的组合会影响顾客的感觉及行动——他们会在此停留多长时间，感觉有多舒服，餐厅中的什么元素令他们印象深刻，他们是否会再次光临。

5.1.3 种族及国籍因素

顾客的种族和国籍也是影响这类群体对空间感觉和认知的一个重要因素。例如，在中国或者韩国，人们喜欢在拥挤的环境中就餐，因此中餐厅或者韩式快餐店非常流行。这些地方的餐桌和食客挤在一处，这在欧洲文化背景的人看来是令人窒息和不可思议的。相反，对于邻国日本来说，即便是位于最热闹的东京市区的日式茶馆，仍悄然无声，让人觉得宽敞、肃静，反映了一种完全不同的文化导向（图5-1）。研究不同文化背景中人们感受的理论就是空间关系学理论，这个理论是由霍尔发展起来的。他的论点是人们对空间的理解并不仅仅来源于他们的感官，在某种程度上是由文化背景决定的。

5.1.4 细节要素

从餐厅的设计角度来看，金边墙的设计配上考究的亚麻桌布，再摆放着上等的瓷器、玻璃器具、精致的银质餐具会吸引社会经济地位较高的群体而吓走普通顾客（图5-2）。

面对某些特殊的消费群体，即使一家全方位服务餐厅的设计高端精致，菜品一流，但如果服务员的着装出了差错，那么也可能破坏它成功的潜力。这样的失败完全是由对消费群体的共同心理把握不到位而造成的。

5-2 装修豪华的西餐厅会吸引社会经济地位较高的群体而吓走普通顾客

5.2 个体心理

由于每个个体对环境的心理感知有所不同，所以在设计餐厅的整体环境时也要考虑到这一点。个人心理空间在公共空间中的尺度尤为关键，而这些心理空间来自顾客对就餐整体环境和细部尺度的反馈，这是从生理到心理的一个感知过程。感觉器官分为两类：间接感觉器官和直接感觉器官。间接感觉器官如眼睛、耳朵和鼻子，用于感受远处的物体或气味，这些感觉器官无须碰触到物体或人就能搜集到信息。直接感觉器官是如皮肤、手、脚这些能够近距离地感受周边环境的器官。

因此，通过对个体生理感知的不同可以得出的结论是：环境造成的心理感知也会有所差异。下面就以顾客间接和直接的对就餐环境可能做出的心理反应进行逐一分析，以便在进行餐厅设计时提供一定的设计依据。

5.2.1 视觉空间

1. 视野范围

设计师对视野范围越了解，他们处理的视觉空间就越有效。例如，顾客坐在零点餐厅的大厅的范围就要比坐在包厢内要开敞得多。此外，选择可以同时坐下多人的长椅座位还可以拉近彼此之间的距离，这不同于坐在包厢的客人，尤其是当他们坐在独立的高背椅上的时候。

坐在大厅的客人受周围环境的干扰很大，而坐在包厢的顾客因视野范围受限而使空间显得较为隐蔽。这就表明大厅能够带来更大的视觉刺激，能够促进快速翻台，特别适合以零点餐厅为主的餐馆或提供大型而热闹的宴会性质的餐厅使用。包厢的座位由于视野范围受限，给人更为私密的空间，这种就餐方式的翻台时间长，但是更加容易吸引商务人士或浪漫的情侣。

2. 个人空间

个人的空间往往注重真实的存在感，所以桌子本身的功能和排布方式值得研究，例如卡座区的桌子形成一种组团形式，这样就不会让人觉得自己的空间中还有其他人。事实上，独立式的方桌是餐厅设计中普遍采用的家具，因为它可以创造亲密感，并减少因目及整个餐厅而造成的视觉分散。减少餐桌间的空间可进一步减少视觉分散，这样会使整个空间显得颇聚人气。调整灯光亮度和灯光的冷暖色调对于就餐空间氛围的营造也至关重要。

3. 视觉调整

设计师通常采用镜面或能够反光的材料来巧妙地处理餐厅的视觉空间。镜面的反射特性不但能给人以空间扩大的感觉，而且还能扩大视觉范围，但如果空间中的镜面关系使用不当或者过度使用，可能会导致视觉模糊、迷失方向。水银镜、茶镜、灰镜，还有天花板上的镜子可以开阔幽闭的空间，同时让它明亮并充满活力（图5-3）。

另一个改变空间最有效的方法是将视准线降到最低。例如，磨砂玻璃或玻璃墙可限制人们的视觉感知。人们可以通过玻璃看到里面的光线和动作，但是，就餐所需的亲密感还是有所保留。此外，还有一些常用的手段去限定视野范围，例如可以设计一些隔断划分出公共、半公共、私密这些不同功能的就餐空间，以满足其功能需求（图5-4）。

5-3 澳大利亚墨尔本美食中心餐厅采用镜面作为分隔空间的方式，既分隔了空间，又取得了梦幻般的视觉效果

在餐厅内，设计师可以操控空间设计以达到各种不同的心理效应。家居布置可以促进或妨碍人们之间的相互关系，所以应该根据需要精心挑选（图5-5）。质量很差的餐桌是没有丝毫立足之地的。在布局规整的房间内将所有的餐桌排布整齐，这样会显得很正式；若将各种规格的餐桌随意摆放，房间之间用屏障隔开，则会营造出随意感和亲切感。

4. 后厨的视觉空间

在后厨，设备的安置也可以限制或促进员工们的相互沟通。分隔墙或者设备本身可作为屏障使用。但是，半人高的分隔墙有助于工作人员之间的相互交流，因为这样他们可以彼此交谈。有限的屏障还有助于促进监督工作的开展，经理可以很从容地看到前厅和后厨的每个角落，从而更易监督员工们的工作状态。

5.2.2 听觉空间

1. 就餐区的听觉空间

在很多餐厅的大厅里，嘈杂的声音往往盖过了与同伴交流的声音，所以在设计时，必须考虑到就餐者能够听到同伴的谈话并以正常的音量与服务员交流。同时，他们应意识到友好的背景噪声。这种状态被称欢乐的亲密关系，也就是说就餐者身处安全的私密空间，同时又置身于一个大的整体环境当中。最大的挑战是确保背景噪声不能淹没任何座位上的谈话声。在很多情况下，还应考虑在大厅使用天花板式扬声器，以便提供背景音乐，在包厢设置壁挂式电视以及布置好后厨的发声设备。有些经营者为了营造一种活泼的青春氛围而提高音量，这可能招致服务员和就餐者的强烈反感，所以应该仔细权衡嘈杂的室内环境的弊端以及高音量音乐和对话所带来的心理感受。

2. 后厨的听觉空间

控制好厨房内的主要听觉空间及背景听觉空间也是很重要的。厨房本身噪声较大，加上工作人员和服务员的大声交流就更加嘈杂。如果噪声过大，那么工作人员与服务员就不得不大声喊叫，以便在高分贝的背景噪声下能听到彼此讲话。如果远程打印机与收银机相连，后厨的工作人员与前台的服务员面对面的沟通甚至是喊话就会减少，这也是现在很多中餐馆常采用的、避免噪音干扰并提高工作效率的有效手段之一。尽管背景音乐可以调动厨房工作人

5-4 将酒柜作为餐厅视觉空间中的分隔物

5-5 成都顺风肥牛火锅餐厅的室内从天花到墙面，到包柱，再到各类墙板都采用实木产品构件、硬包、古船木进行工业化加工组装

员的活力和干劲，但是应该控制音量，让传入就餐区的音量最小化。这种声音的使用在西餐的展示性厨房需特别谨慎，因为它们与就餐区相邻。

3. 就餐区与厨房连接处的听觉空间

按照常规做法，备餐台往往放置在厨房入口附近，这样拉大距离可以降低从厨房传入就餐区的声音。因此在就餐区和厨房之间设置双重门，并在两墙之间安装类似于备餐台的隔离设备，可以有效降低噪声（图5-6）。

5-6 厨房与就餐区之间的隔音设备，可以有效地防止厨房的噪声传入就餐区
5-7 天花特殊的吸音材料能够提升餐厅整体听觉空间的品质
5-8 餐厅中高品质的嗅觉体验

4. 缓解噪声的方式

（1）吸音材料

由于餐厅本身就是一个嘈杂的场所，声音控制往往涉及对吸音材料的巧妙运用，以期达到预期的背景噪声的目标。像质地柔软的材料如地毯、布艺，良好的吸音吊顶及吸音壁面材料都可以消除或减少噪声（图5-7）。

（2）使用背景音乐

另外一个缓和噪声的有效方法是使用背景音乐。这在餐厅是常用的手段，目前很多中餐厅也乐于运用这种手法。通过播放迎合顾客品位的音乐来掩盖不受欢迎的噪声，如其他餐桌的谈话声、餐具的撞击声等。控制背景音乐的音量是非常重要的，注意点在于不要因为音量而让顾客感到焦躁不安。

（3）留意容易吸纳声音的角落

通过缩小就餐空间以降低主要的听觉空间音量的方法看似是最理想的解决方案，但这种方法并非一直有效的，因为声波通过地板、墙和天花进行传播。此外，相对缩小的就餐空间也会在一定程度上影响到顾客的情绪。若是在餐饮空间设计过程中留意一些容易吸纳声音的角落，就可以有效地限制回音。

对于某些餐饮空间，如快餐厅或以吧台为主导的聚会场所，几乎不必关注主要的听觉空间的声音控制，因为高噪声反而可以创造动感、刺激和活力，而这些正是这类空间所期望的。中餐厅则不同，敞开式的中餐厅通常都会有很大的噪声，这些餐厅还设计了统一的或是局部的天花板来反射或吸纳高噪声。所有这些反射声音的表面和材料都能够产生回响和回音，考虑到这一点非常重要。

5.2.3 嗅觉空间

嗅觉也许最能唤起人对某一空间场景的记忆了，尽管它很重要，但经常在设计时被忽略。有多少设计能让怡人的香味飘荡在整个餐厅——当顾客在下次决定去哪儿用餐的时候，能够在第一时间再次回忆起这种香味？正如之前提到的，可以考虑让那些香味与设计的其他方面相融合，从而创造出愉悦怡人的感觉（图5-8）。

1. 香气

香味弥漫的前厅对于就餐者能起到积极的作用。如果没有对气味的印象，记忆就会变得模糊。面包房新烤出的面包香味或烧烤店弥漫出来的烤鱿鱼的香味有助于刺激顾客的食欲，从而记住这家餐厅。现在，前厅的通风系统中可以加入香气注入器，它能够慢慢散发出新鲜菜肴和其他数种能够唤醒记忆的气味。

2. 桌面烹调

另外一个深化顾客嗅觉体验的方法是桌面烹调。例如，在一些西餐厅，在加热的牛排上放一点辣椒酱，咝咝作响声伴随着酱料散发的香味，诱惑着顾客的嗅觉。在日式或韩式的铁板烧餐厅，食品在就餐者面前的铁盘上烹饪，并且就餐者可以自己动手，整个就餐过程的体验可谓是香气四溢，妙不可言（图5-9）。

5-9 刚上桌咝咝作响的牛排香气四溢，并且伴随着服务人员的操作，总是会让顾客忍不住想要大快朵颐

5-10 精美可口的菜品提供美好的味觉体验

5-11 印刷精美的肯德基包装盒，上面有经典的上校头像标识，易于勾起儿童的味觉回忆

3. 细节

然而不良气味会带来消极的作用。例如，玻璃器具或碗筷等常附有难闻的气味；若使用陈腐的毛巾擦拭玻璃器具的话，当再次往杯里倒入啤酒或饮料时，难免会把腐败的味道带入啤酒里。这些都是必须考虑到的细节。

5.2.4 味觉空间

1. 菜品的味觉

菜品理所当然是所有餐厅设计味觉元素中最重要的部分。菜品的呈现可以从许多层面令就餐者印象深刻或内心沮丧。除了菜品的外观之外，口感——食品的质地以及所有的器官体验，包括味道、温度等，都是顾客满意与否的核心因素。

"色、香、味"这三个字简单精确地概括了对菜品的要求。如果菜品的呈现方式单调，那么即使是美味，让人看了也不会有什么胃口。令人愉悦的饰品搭配，往往才会让人垂涎欲滴（图5-10）。

2. 包装设计

即使在快餐厅，味觉提示也可能让人觉得食物富有营养价值。包装设计常常扮演着重要的角色。所以我们会发现快餐厅，特别是具有连锁性质的快餐厅，往往都重视食品包装的设计。

3. 企业品牌形象

企业品牌形象对于就餐者的影响绝对不容忽视。有研究发现，以肯德基的汉堡为样品给孩子们做实验，有些样品用肯德基的包装物包装，其他则使用普通的包装物包装，但即使这两种汉堡并无差别，孩子们还是喜欢用肯德基的包装物包装的汉堡的味道（图5-11）。

5.2.5 触觉空间

1. 空间质感

触觉空间其实包括实际接触的东西和眼睛看到的东西。例如，一副精美的碗筷关乎顾客的感触，粗糙的肌理漆涂成的墙面，其表面是通过视觉感知的。触觉空间是极为重要的，因为它能让人从心理上感觉到一个房间的氛围，可以让人觉得很舒适，也可以让人感觉很冰冷。

触觉元素中的视觉因素关乎人们对周围环境的印象。就餐者喜欢令人印象深刻的餐厅，建筑材质和装饰表面，如涂料、软装饰和艺术品，都可以让人觉得亲密、安全（图5-12）。

2. 家具及陈设

对于餐厅里可触碰到的物品——座位和餐桌上的摆设，都和人们的就餐体验密切相关。例如，座椅的舒适度对于就餐时间的长短有很大的影响，所以应当选择适当的座椅。天然材料的椅子、装软垫子的座椅和扶手椅都非常舒服，这些可以在高档餐厅使用。当顾客坐在桌前品尝美味佳肴时，舒适的座椅会让他们觉得心满意足，就餐时间可以持续1至3小时（图5-13）。相应的，这些菜肴的价格自然不菲，用以弥补翻台率的不足。相反，不良的触觉也可能带来负面的影响。特别是对于湿乎乎的南风天来说，没人喜欢塑料椅在温暖的天气中黏糊糊的感觉。此外，快餐店的座椅甚至是桌子看上去令人悦目，但不适合长时间久坐，因为这些快餐厅追求的是最为快速的翻台率，通过走量来达到经营上的盈利。

在30分钟或更短时间内翻台，是快餐厅成功必不可少的因素，而且它最终能让餐厅达到获利的目的（图5-14）。自助型餐厅的目的通常是在有限的时间内服务许多就餐者（图5-15）。舒适的座椅会使翻台率变低，并且会让其他等候用餐的顾客心存不满，因为他们要端着盛满食物的餐盘在餐厅里四处找座，这与他们在停车场找车位的情况如出一辙。然而这种情况与之前讨论的"哪儿人多就证明这家餐厅错不了"的群体心理又是矛盾的，关键在于调和二者，取其平衡。

3. 桌面细节

不管是哪种类型的餐厅，餐桌上的物品如桌布、餐具、玻璃器皿、碗筷等，对顾客的就餐体验起着重要的作用。即使在菜价不贵的普通餐厅，餐具的选择对于就餐者的感受也很关键，因为就餐者直接接触餐具。餐桌上的物品从碗到玻璃杯都应认真挑选，这些考究的细节往往能带给顾客不一样的感受，从而潜移默化地影响他们的就餐体验（图5-16）。

与餐厅室内装修一样，可直接触碰的桌面配置也要避免使用质地相似的物品。木质的方桌上面铺就亚麻桌布，上面摆放精美的碗碟及玻璃器皿，强烈的质地反差可以给顾客带来愉悦的就餐体验。桌面的设计细节表明餐厅非常关注就餐者接触的物品，有助于让顾客觉得自己备受重视。同时，这也间接地表示餐厅对食品的品质也非常重视（图5-17）。

5-12 富有特色的、由多种材料构成的餐厅触觉空间

5-13 舒适的座椅、餐桌上精美的摆设，这些都是让顾客在此停留就餐的因素

5-14 快餐厅的餐椅并非像顾客想象中的那样舒适，而是从翻台率考虑餐椅的功能

5-15 设计精致的自助餐厅能够满足顾客的各种需求

4. 卫生间的细节

卫生间是餐厅中另外一个应该注重触感的场所。人们会下意识地认为卫生间若是不干净，就代表着厨房也不干净。同样的，注意卫生间的细节会让顾客觉得餐厅关注自己就餐体验的方方面面。巧妙地利用触觉空间，使卫生间成为一个坚固耐用且易于清洁的空间，这样的细心设计必然能够打动顾客（图5-18）。

5. 温度

触觉空间还与温度相关。在餐厅中，热的房间明显让人感觉比凉爽的房间拥挤。因此，全方位服务的餐厅可以设计中央空调以保持室内相对凉爽，以便就餐者不觉得拥挤不适。相反，如果餐厅的满座率只有一半，那么较为暖和的室温会让餐厅受益，因为这种温暖有助于让人觉得餐厅里有更多的顾客。

5-16

5-17

5-18

5-16 不管是哪种类型的餐厅，餐桌上的各种器具和摆设都无时无刻不在影响着顾客的就餐心理

5-17 澳大利亚墨尔本GOCHI餐厅的桌面布置典雅自然，餐桌上不同质感的器具能够带给顾客丰富的触觉体验

5-18 江西南昌赣彩轩的卫生间设计古香古色，但又不失现代感

5.3 照明

从心理层面来讲,光照也是影响顾客就餐心理的关键因素,有时它比其他因素更能影响顾客的就餐心情。不同的光照可以营造出不同的就餐氛围:柔和清静或是充满活力;低调优雅或是浪漫温馨。

餐饮空间的照明与其空间结构布局及室内装饰一起成为承载与发扬这些风格的载体。餐饮照明中需要突出一个词:气氛。餐饮照明对于气氛情境的营造非常关键。无论是雅致大气的中餐馆还是浪漫高端的西餐厅,或者是种种风格迥异的酒吧,大多数餐馆都有自己的主题,而照明设计就需要配合这些主题,为整个空间营造出良好的氛围。

在餐厅的设计中,照明设计是室内设计的重要部分,利用良好的照明设计可以创造出宜人的就餐气氛,使室内光环境与餐厅的菜系、风味、档次、风格相得益彰。现在,越来越多的餐饮店管理者已经认识到灯光是吸引顾客的重要一环,因为如果灯光不适,可能会抹杀其他元素的积极作用。餐饮环境的照明在很大程度上不单要让顾客"看得到东西",还要形成与特定功能和室内风格相适应的氛围。

从功能上讲,餐厅可分为供顾客直接使用的用房和供工作人员使用的操作间与办公用房两大部分。除了强调光源、照明强度、灯光的质量外,不同区域的光照亮度反差也很关键。在厨房,照明强度一定要达到一定的级别,这样才能避免厨师在操作时产生视疲劳。此外,照明设计不仅要满足就餐桌面和操作间台面上有足够的照度,还要考虑到餐厅的业务种类、规模档次、地理位置等相关因素,才能创造出打动人心的光环境。

5.3.1 照明方式

1. 三种照明方式

餐厅照明主要采用一般照明、混合照明以及局部照明三种方式。一般照明是对餐厅室内整体进行照明,不考虑局部照明,是使就餐环境和餐桌面的照度大致均匀的照明方式。这是风格简洁、顾客群相对大众化的餐厅经常采用的照明方式(图5-19)。混合照明,即由照度均匀的一般照明和针对就餐面的局部照明组合而成的照明方式。这种照明方式层次感强,并形成一个只属于该桌客人的光照空间,经常用于中高档餐厅的照明设计中(图5-20)。酒吧、咖啡厅的照明方式则采用局部照明,这是一种为了强调特定的目标而采用的照明方式,通常指某点或很小的面积。酒吧中的照明可仅用于桌面和陈列展示部分,通过局部的重点照明将人们的视线吸引到有文化氛围和体现情调之处,从而形成视觉的趣味中心,以创造酒吧的自身个性(图5-21)。

5-19 大众化的餐厅往往采取一般照明的方式,强调整体空间的明亮

5-20 中高档餐厅的桌面往往采取混合照明的方式

5-21 酒吧、咖啡厅往往采取局部照明,通过局部的重点照明将人们的视线吸引到有文化氛围和体现情调之处,从而形成视觉的趣味中心

2. 容易被忽略的照明区域

餐厅的入口区往往是很多商家忽视的照明区域，但由于竞争的激烈和餐饮文化的兴起，很多个性且高档的餐厅开始对其重视起来。入口区可以很好地展示氛围和风格，根据餐厅的整体氛围的需求，采取灵活多样的照明方式能够达到吸引顾客的目的，但是强调入口区域的光环境是为了突出入口关系，如果一味刻意地强调入口的照明效果反而会弄巧成拙、顾此失彼，破坏餐厅整体的照明效果（图5-22）。

5.3.2 照度与亮度控制

照度与亮度控制是依靠调整照明强度以取得最佳的心理效应，因此在照明方案中显得尤为关键。在餐厅室内环境和餐桌台面上必须有足够的光照，才能满足顾客就餐的基本需求。国际照明委员会《室内工作场所照明》S008/E-2001中建议，餐桌面照度以200lx为宜。我国《建筑照明设计标准》中则规定中餐厅0.75m水平面处的照度不可低于200lx，西餐厅不可低于100lx。

1. 不同就餐环境的照明方案

照明方案应该随着时间的改变而变化，从而在不同的场合中创造出不同的就餐氛围。一般来说，宴会厅的照度较高，以营造热烈庄重、金碧辉煌的氛围（图5-23）。快餐厅的照明也要充足，以突出其明亮、简洁的空间特征（图5-24）。风味餐厅的照明就要比较适中，照度过高，一切清晰可见，众目睽睽之下，让人感到缺乏私密感；过低又不能满足人们的就餐需要，最好的办法就是按照功能区域，将照度拉开梯度：餐桌面和展示空间的照度可以高些，相反，交通空间和过渡空间的照度可以低些（图5-25）。而酒吧的室内环境一定要暗，追求幽暗朦胧、静谧而充满神秘感的气氛，对灯光的运用要做到"惜墨如金"，有的时候仅用烛光就可以达到它的照明要求，同时又体现了酒吧脱俗的情调（图5-26）。

5-22 江苏无锡酒坊的入口照明设计，主要采取点光源进行重点区域的局部照明方式

5-23 宴会厅的照度要求较高，主要目的是营造出热烈庄重、金碧辉煌的氛围

5-24 快餐厅的照明也要充足，突出其明亮、简洁的空间特征

5-25 风味餐厅的照明最好是按照功能区域，将照度拉开梯度，餐桌面和展示空间的照度可以高些，相反，交通空间和过渡空间的照度可以低些

5-26 酒吧对灯光的运用要做到"惜墨如金"，但有的时候也要考虑到全局的照度

2. 材料对照度和亮度的影响

由于餐厅室内的表面是由各种材料组成的,在同样照度的条件下,表面材料的反射比不同,各种材料表面的亮度也不同,而各表面的亮度决定了整个空间光环境的效果。这就是为什么有的餐厅室内照度很高,可是人们却没有感到空间的明亮。因此,在考虑室内照度的同时,应该结合设计所用的材料。如果材料的反射比低,为了使就餐环境达到令人满意的亮度,照度应相应有所提高;反之亦然(图5-27)。在照明设计中最好使顶棚、墙面、餐桌面的亮度有所区别,否则,就会使视觉效果过于单调(图5-28)。墙面亮度与水平亮度之比在0.5~0.8时,最有可能得到令人满意的效果。

3. 照明方案对照度和亮度的影响

同一个房间由于照明方案的不同会带给顾客不同的就餐心理,例如针对包间的照明设计,包间的照明设计以强化室内设计、衬托整体环境为主(图5-29),可运用功能照明与装饰照明相结合的手法来处理整体的光环境。功能性照明主要体现在选用显色性好的光源来表现菜品的可口(图5-30);装饰性照明主要用来衬托环境气氛(图5-31)。同时,尽量避免直射光的使用,由于直射光会在桌面及墙面造成光影,还容易形成眩光,使环境不和谐。可使用漫射光,配合暗藏光源及调光系统,达到"见光不见灯"的效果,还可以实现场景的转换(图5-32)。年轻客人喜欢亮度高一点的热闹环境,中老年客人则喜欢环境光较弱,更显惬意,还可以根据不同的人群来设计灯光的效果(图5-33)。但是要注意的是在顾客用餐期间尽可能不要调节照明亮度,以免分散顾客的注意力。

5-27 北京三里屯小城知味餐厅采取局部照明的方式,用几组双头可调射灯强调局部照明效果,并很好地衬托出墙面的材质

5-28 成都老房子水岸元年食府餐厅室内的顶棚、墙面、餐桌面的照明方式和亮度均有所区别,极大地丰富了空间的层次关系

5-29 包间的照明设计以强化室内设计、衬托整体环境为主

5-30 功能性照明主要提供泛光源,以照亮整体空间为目的

5-31 加拿大多伦多时尚餐厅的装饰性照明效果美轮美奂,在空间中起到了很好的点缀作用,也烘托了就餐气氛

5-32 重庆秋叶餐厅在包间的立面上用暗藏灯勾勒出字画主题,空间照明显得极为柔和,突出了禅意

5.3.3 照明的色度与过渡区域

1. 选择合理的照度

在餐厅的照明设计中，无论照度的高低，都宜选用低色温光源（采用混合照明方式的餐厅，可以将高色温的一般照明和低色温的局部照明搭配使用）。大多数餐厅为了适应人类长久以来所形成的习惯，创造舒适而温馨的就餐环境，一般会选用偏暖色的光源，因为暖色能够给人以温暖的感受，还能引发人的食欲。这样，不仅在室内会形成温馨愉快的气氛，从透明的玻璃窗溢出的温暖光线与热闹的就餐人群形成一幅幅动人的画面，还能吸引路上的行人前来就餐（图5-34）。只有把不同的照明方式和灯光色彩进行合理搭配，才能取得有效的视觉效果。

2. 选择合适的光源光色

不同经营策略的餐厅应该精心选择适合自己的光源光色。一般来说，越是高级的餐厅越应该使用低色温照明，而快餐厅和中低档餐厅可以使用中低色温照明。除此之外，还可以根据室内陈设的材料和颜色来选择不同光色的光源。例如：使用木材装饰的天花板，如果采用2500K~3000K的暖黄色顶灯采光，可以使木材温暖的特性得到充分的表现（图5-35）。另外，装饰风格传统的餐厅，宜采用暖黄色光源，可以使室内怀旧的气氛得到进一步渲染（图5-36）。而某些具有现代设计风格、面向青年人的快餐厅，最好选用4000K~4300K的光源，既满足了餐厅照明设计的要求，又使空间显得明亮、轻快，给人现代新潮之感（图5-37）。此外，为了使食品和饮料的颜色逼真，应该选用显色指数较高的光源。在餐桌附近的局部照明，应多选用显色性较高的三基色荧光灯（包括节能灯）。在较高的暖色照明环境中，食品（如肉、菜）显得比在日光照射下更加新鲜诱人（图5-38）。

3. 过渡区域的处理

照明的过渡区域不论从生理还是心理上都对顾客产生着重大影响。在顾客从室外进入餐厅室内就餐这段时间，有一个视线调整的过程，就好像我们从昏暗的电影院走到阳光明媚的室外一样，眼睛需要经过一段时间的调节才能看清周围的环境。注意到这点对于患有眼部疾病的顾客尤为重要。因此，在处理室内外两者过渡区域的照明设计时也要精心考虑。

5-33

5-34

5-33 不同人群对于照明的需求是不一样的，面对同样的暖色调，米高梅saltwater海鲜餐厅和墨尔本中心美食餐厅的照明效果给人的心理感受截然不同

5-34 大多数餐厅一般会选用偏暖色的光源，因为暖色能够给人以温暖的感受，还能引发人的食欲

5.3.4 灯具的选择、布置及灯光组合

照明设计的最终效果具体还要通过照明灯具去实现，不仅如此，照明灯具也是室内陈设的重要组成部分。不同民族、不同地区的灯具也是有一定差异性的。选择具有不同风格特征的灯具，是体现餐馆整体风格特点的有效途径之一。因此，设计师要深入发掘传统灯具的文化内涵，或简化提炼，或大胆创新，使灯具造型也能成为餐馆室内环境中一个富有特色的部分。一般而言，餐厅经常用到的灯具包括筒灯、射灯、吊灯、壁灯、台灯、格栅荧光灯盘以及反光灯槽等几大类。

1. 筒灯

筒灯是一种口径小并嵌入天花板内的灯具，其最大特点是外观简洁，隐蔽性强，不易引起人们的注意。在餐厅照明中，筒灯主要是提供泛光源，可以得到很好的整体照明效果（图5-39）。

2. 射灯

射灯常常和筒灯配合使用，有暗藏射灯和明装射灯以及有轨射灯等，主要是提供点光源。在一些重要的装饰部位往往会用到射灯，还有例如餐桌的桌面需要射灯的光线打亮食物和饮料，以便弥补筒灯光照的不足（图5-40）。

5-35 海南海口上邦百汇拾味馆餐厅的天花以大面积的木材为主，采用偏暖黄色灯光进行照明，使木材温暖的特性得到充分表现

5-36 泰国清迈137度假酒店餐厅用暖色光源勾渲染出宁静的就餐气氛

5-37 上海721幸福牧场炸猪排餐厅有着像云一样飘浮在天花板的灯光设计，独特的造型和柔和的材质非常像一朵朵云彩，纯木质的室内装饰加上云朵一样的照明，给人自然质朴的感觉

5-38 太鲁阁公园晶英酒店餐厅在每个餐桌上运用局部照明，用来强调餐桌上的食物

5-39 在餐厅照明中，筒灯主要是提供泛光源，可以得到很好的整体照明效果

3. 吊灯

吊灯常用于面积较大的餐厅和档次较高的宴会厅。由于其照明的广谱性，主要用于一般照明。它的最大特点是位于餐厅室内空间的中心，再加上它是空间中最明亮的物体，因此往往是人们视觉的中心，它的造型和风格在很大程度上决定了餐厅的品位和档次（图5-41）。例如有些宴会厅为了表现贵族气质，就采用了华丽的水晶吊灯。在有些使用筒灯或荧光灯作为一般照明的餐厅，也可以使用吊灯作为补充照明（图5-42）。这个时候餐桌上方的吊灯尺寸与餐桌的大小有关，沿餐桌纵向长度方向，根据灯数等比划分，吊灯大小不可大于这个长度的1/3。吊灯安装高度为餐桌上方60cm左右为宜。

4. 壁灯和台灯

壁灯和台灯一般作为气氛照明或一般照明的补充照明。在很多主题餐厅中为了避免呆板的单一照明，常在整体照明中增加几盏台灯或壁灯来补充台面照度的不足，并丰富了空间的层次（图5-43）。但由于这两种灯具的位置比较低，要做好灯具的遮光处理，避免在人的视线范围内产生眩光。

5. 格栅荧光灯

格栅荧光灯是照度要求较高的餐厅不可缺少的照明灯具，它以其较高的照明效率和经济性成为各类快餐厅和中低档餐厅的首选灯具（图5-44）。

5-40 射灯常常和筒灯配合使用，在功能上主要起到局部照明的作用

5-41 保加利亚Abajour餐厅的顶面用了五彩缤纷的吊灯，使整体的就餐气氛显得格外富有生气

5-42 在有些使用筒灯作为一般照明的餐厅，也可以使用吊灯作为补充照明

5-43 江苏无锡沿河人家的就餐区用一组台灯和烛台作为辅助照明和用于烘托气氛

5-44 海寿司庆城店餐厅的格栅灯和其他灯具共同配合，营造出丰富的照明效果

6. 反光灯槽

目前，还有一种比较流行的做法就是反光灯槽，通过反射光使餐厅得到间接照明，它的最大特点就是餐桌上不会有明显的阴影，从而创造一个良好的就餐视觉效果（图5-45）。总的来看要根据餐厅照明设计的特点来选择灯具，但无论选用哪种灯具，都要使灯具的风格与室内陈设协调一致，最好能唤起人们的美味食欲。

7. 灯光组合

灯光与用餐者的味觉、心理都有着潜移默化的联系，餐厅照明设计是一个灯光组合的过程，要正确地处理明与暗、光与影、实与虚等关系。设计舒适的光环境，调动用餐者的审美心理，从而达到饮食之美与环境之美的统一。

运用重点照明能够提升整体气氛，甚至可以考虑用光来划分每个区域。当然，在餐厅室内环境和餐桌台面上必须有足够的光照，才能满足顾客就餐的基本需求。

对于较大的中餐厅甚至是宴会厅，在照明手法处理上可采用多种照明回路结合。装饰性花灯、重点照明餐桌的卤素射灯、氛围光补充的灯槽、墙面装饰的壁灯都可以分开处理，通过不同回路的自由组合实现不同的灯光场景，以适应客流量、日光的变化需要。

值得关注的是，灯具除了提供人工光源的作用外，其实还是餐厅室内环境中十分显眼的装饰品。因此，对于灯具的设计和挑选，设计师要根据总的设计意图，特别是整体风格应亲自设计，至少也要参加选购和配置。

5.3.5 照明的合理性

1. 照度及光源色温的合理性

首先，餐厅照明照度要保证合理。有些餐厅对照明设计还没有引起足够的重视，总认为照明不影响人们的正常就餐就可以了，俗不知好的照明是餐厅招揽客人的一大法宝。其次，照明光源的色温也要保持合理。有些餐厅的光源色温远远高于国际照明组织的建议，没有根据餐厅自身的经营策略进行很好的选择，这样一来，餐厅从室外看起来显得生意冷淡而没有生机，室内餐桌上饭菜的颜色也没有达到理想的效果。为使饭菜和饮料的颜色逼真，选用光源的显色性要好。再次，照明灯具的布置欠缺条理性，这就使得照明显得凌乱而缺乏层次感，有些餐厅总觉得房间不够明亮，就认为是照度不够，关键在于要有明暗对比，该亮的地方要亮，该暗的地方要暗。

2. 局部照明及装饰性照明的合理性

餐厅的室内有许多特殊的空间场所及富有特色的陈设，如休息处、服务区、酒水区、展示区以及艺术价值较高的餐具、酒具、雕塑、绘画和各种工艺品等。这些场所和陈设需要特别进行提示，为此，在餐厅室内环境的设计中，必须十分重视局部照明及装饰照明等（图5-46）。

3. 与整体风格相协调

灯具的造型也应与室内设计风格相协调。灯具与餐厅所经营的菜品要产生关联，相得益彰。例如，明亮的射灯光打在食物上，会显得食物更加精美而诱人，但设计师必须在设计之初就要考虑安装易于调整角度的射灯，以便应对开业后餐桌移动的情况。

餐厅的照明设计有时候不能太杂，可以根据整个餐厅的风格来设计。在整体的布局都布置好的基础上，能够与整体氛围相协调的灯具也必不可少。另外需要注意的是需要保持灯光的稳定性，避免客人在用餐的时候灯光发生一些异常变化，这样会给客人就餐带来心理上的不便。

4. 迎合顾客就餐心理

此外，迎合顾客美好的就餐心理很重要的一点是让他们在设计巧妙的灯光下自我感觉良好，这往往是最容易被忽视的一点。因为顾客，特别是女性顾客，当她们在就餐过程中感觉不错时，就会很自然地格外享受这种让自己显得迷人的就餐环境，那么就会产生再次光临同一家餐厅的欲望。所以合理的光照设计从心理学层面也能为餐厅带来潜移默化的盈利（图5-47）。

5-45 日本东京皇宫酒店餐厅的顶面采用反光灯槽，在桌面上形成柔和的就餐视觉效果

5-46 在餐厅室内环境的设计中，必须十分重视局部照明及装饰照明等

5-47 合理的光照设计从心理学层面也能为餐厅带来潜移默化的盈利

5.4 色彩

色彩对于心理层面的重要影响程度早已毋庸置疑。不同的色彩在不同的环境下，对于感觉、想法和行为有不同的暗示，并且在特定情况下，人们或多或少都倾向于将色彩和特定的信息、观念和某种经历相匹配，这种匹配既有外显性的，也有潜意识的。基于这些因素，餐厅设计中对于色彩的应用除了考虑一般性的色彩运用外，尤其还要谨慎地处理一些通过色彩搭配达到的特定心理反应，使顾客的心理在就餐环境中潜移默化地受其影响，强化对良好就餐环境的认知感，从而达到经营的目的（图5-48）。

5.4.1 色彩对就餐心理的影响

餐厅设计风格多样，装饰配色也千变万化。但是否每一种配色都是合理的呢？如何合理地运用色彩以最大地满足顾客就餐的心理需求呢？

1. 空间色调与灯光色温

运用色彩来满足顾客就餐的心理需求，首先要明确餐饮空间的功能。餐饮空间的功能会因其种类的不同而有所区别，但是所有餐饮空间的共通点是营造一个优美的就餐环境，让顾客就餐时有个好心情。为了更好地让顾客享用美食，有两点是必须注意的：一是空间色调（包括家具及餐具的色调）比较适合用黄色、红色、绿色，因为这样的颜色配合食物的颜色能激活肠胃，还能比较容易激起人对曾经吃过的美食的回忆，从而增进食欲（图5-49）。反之，大面积的紫色、蓝色就要慎用，因为冷色调通常会令人感觉没有食欲，这也是为什么食物从不采用紫色或蓝色

5-48

 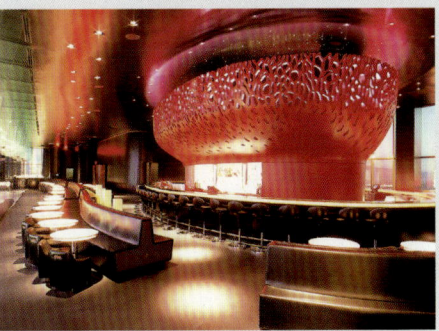 
5-49

5-48 色彩能够对顾客的心理带来潜移默化的影响
5-49 类似于黄色、红色、绿色这样的颜色配合食物的颜色能激活肠胃，还能比较容易激起人对曾经吃过的美食的回忆，从而增进食欲

的一方面原因，因此，即便是在热带气候条件下，整体空间的冷色设计也通常采用暖色系。然而少量的蓝色或紫色可以产生补色效果，使得餐盘里的食物显得更加鲜艳美味（图5-50）。可是一旦蓝色或紫色的量过多从而使食物也映出偏蓝紫的颜色来，那对人的食欲则会有相当大的抑制作用。例如蓝色的墙把碗中的白饭映成了浅蓝色的话，一定会让人觉得难以下咽，因为这个颜色很难令人联想到美味的食物。二是照明灯光的色温控制也需要注意。餐馆的照明宜选择暖色的白炽灯或者LED灯（色温在3300K以下），而不宜选用泛青白光的荧光灯。显然暖色的灯光可以把食物的卖相映衬得更加可口，而青白色的荧光灯会让人的大脑和肠胃都冷静下来，大大抑制了食欲。

2. 基本色彩原理

冷色或浅色调给人一种距离感。把这个基本色彩原理运用到餐厅设计中去，可以使空间显得比较开阔，尤其是对一些营业面积较小的餐厅可以使用此招（图5-51）。反之，对于空间比较开敞的餐厅来说，就要适当地运用暖色或是暗色，因为这些色彩可以给顾客产生一种亲密感，避免空间的过于空旷和冷淡，而且温暖的色彩能够吸引目光在一些特定的装饰区域，尤其是在餐桌上，对于菜品品相的优雅呈现更是有很大帮助（图5-52）。中性色系用于桌面会显得相当完美，因为这些色系对改进食物的颜色大有好处。中性色系的另一个优势是它们具有相对稳定性，可以通过大面积的使用营造整体就餐空间的氛围，还能够为冷色调或暖色调的色彩布局提供绝佳的背景（图5-53）。

5.4.2 不同类型餐厅的色彩处理

1. 快餐厅的色彩处理

在需要快速翻台率的快餐厅或是休闲餐厅，醒目的原色和明亮的灯光有助于提高翻台率。为了满足这样的功能需求，此类餐厅的室内配色可采用明度、饱和度较高的暖色系颜色如柠檬黄、朱红等。首先高明度高饱和度的暖色系颜色属于膨胀色，有着从心理上拓宽空间的作用，这样明亮的空间能减少客人数量多时的拥挤感；其次红色、黄色、橙色等暖色系颜色有令人感觉时间比实际时间长的作用，也就是说人们在暖色环境下会下意识地加快动作的节奏，从而提高了快餐厅客人的流动速度；再者颜色鲜亮的空间和家具能给客人以干净与高效的印象。国际著名的连锁快餐店麦当劳和必胜客，还有国内著名的中式快餐连锁店真功夫快餐店等均采用红色、橙色和黄色为主调的配色方案，配以暖色的白炽灯，这些都是很好的应用实例（图5-54）。

5-50 湖北黄冈王家渡火锅餐厅的整体色调一反常态地使用了冷色调，与食物形成了色彩上的互补心理

5-51 米高梅saltwater海鲜餐厅的冷色调给人一种距离感，突出了餐厅的品位和格调

5-52 温暖的色彩能够吸引目光在一些特定的装饰区域，尤其是在餐桌上，对于菜品品相的优雅呈现更是有莫大的帮助

5-53 中性色系的优势是它们具有相对的稳定性，可以通过大面积的使用营造整体就餐空间的氛围，还能够为冷色调或暖色调的色彩布局提供绝佳的背景

2. 咖啡厅的色彩处理

咖啡厅是和快餐厅的功能要求近乎相反的空间。顾客来此消费是为了找个宁静、安逸的空间在放松的环境下休息身心或者洽谈事务。针对这样的特殊要求，咖啡厅的配色就应该采用明度和饱和度较低的颜色，并可使用较多的冷色系颜色。低明度、低饱和度的颜色可以令人的血管收缩使人的兴奋情绪得到抑制，使人的心理和生理都较容易冷静下来。冷色系颜色尤其蓝色也有以上的效果，并且蓝色特别有令人放松精神的作用。与红色相反，人在蓝色的环境中感觉时间比实际时间要短。因此采用这样的配色就能适应咖啡厅慢节奏的功能要求。需要特别提出的是，咖啡厅中不适宜用色温度太低（即过于暖的颜色）的灯具来作为照明灯光，因为人在这种光源下容易变得烦躁而无法久留。以星巴克为例，其门店的装修多采用低饱和度、低明度的棕色与灰色作为主色调，加上局部的冷色装饰作点缀，再配合略为偏黄的LED照明灯光，营造出安静舒适的环境，吸引了众多在店里坐上一整天的消费者（图5-55）。

3. 零点餐厅的色彩处理

零点餐厅空间最大的特点是顾客在就餐时段会非常多。这样人流密集的餐饮空间的功能在满足基本要求之后还必须解决人流的导向和疏散的问题。要从用色上满足这样的功能要求，就要善于利用颜色的诱目性。据研究，高饱和度的颜色要比低饱和度的颜色更容易吸引眼球的注意力，也就是高饱和度颜色的诱目性较强（图5-56）。在选用家具时选择诱目性强的颜色可以让空间的区域划分和通道布置显得更加清晰、明了，从而增强通道的导向能力。重要的标示和出入口也应该选用诱目性较强的颜色，令人流的流线引导更清晰。

5-54 必胜客餐厅采用红色、橙色和黄色为主调的配色方案，给人轻松活泼的心理感受

5-55 星巴克咖啡厅采用低饱和度、低明度的棕色与灰色作为主色调，加上局部的冷色装饰作点缀，再配合略为偏黄的LED照明灯光，营造出安静舒适的环境，吸引了众多在店里坐上一整天的消费者

5-56 高饱和度的颜色要比低饱和度的颜色更容易吸引眼球的注意力，在顾客就餐过程中更易激发食欲

5.5 心理空间

个人的领域感和人与人之间交流的空间距离是人基本的心理感受。人在室内的环境中活动，一般都不喜欢其活动被外界干扰，活动主体有其必要的生理和心理活动范围区域，不希望被外来的人与物打破。例如在就餐时，等候的人如果看着就餐者吃饭就会给人带来不愉快的感受，在很多餐厅会有专门的等候区。因此，不同的餐饮空间有不同的活动范围，需要划分不同的领域（图5-57）。

在餐饮环境中，顾客除了自身活动外还需要与其他人进行人际交流或者发生各种人际接触，在这时所需要的人与人之间的空间距离就需要通盘考虑。在不同的场合和不同的接触对象上有所区别，在空间距离上也各有差异。

5.5.1 位置

在餐饮空间的等候空间或者停留空间，顾客并不较多地停留在接近就餐区的空间范围内，而是更愿意待在柱子边或者观赏物旁边，适当地与人流通道保持距离，这就是所谓的"边缘效应"。例如，在餐饮环境中，顾客对餐厅中餐桌座位的挑选，相对不愿意选择靠近门口以及有人流频繁通过的座位，而愿意选择靠墙或是靠窗坐的位置（图5-58）。如果允许顾客首先选择，因为空间尽端相对地较少受到干扰，心理上会倾向于选择尽端的位置，因此在设计上就要平衡好尽端位置的空间和其他空间的关系。

5.5.2 从众心理因素

从众心理是一种普遍的社会心理和行为现象。从众心理实质上是一个人在社会中受某个群体的影响，最终放弃自己的意见，转变原有的态度，采取与多数人相一致的行为现象，这是一种正常的自我保护心理机制。在餐饮环境中，有时也会出现这种从众心理。很多人会选择人比较密集且较为开敞的空间位置，因为原因很简单：既然这里人多，自然有一定道理。此外，人有向光的习性，所以有趋向明亮方向和开敞空间的本能。这种心理和行为现象提示设计者在设计室内环境时，应注意空间与照明等的导向，标志与文字的引导也很重要。

5-57 江苏无锡的村前会所餐厅的包间有曲径分明的就餐区和休息区，中间用家具进行分隔

5-58 从心理层面来说,靠窗的位置光线充足,视野开阔,能够让顾客获得潜在的安全感

5.6 风水

对于餐饮空间设计中的风水，中国有句耳熟能详的经典，那就是"酒香不怕巷子深"。表面上看这句话很有道理，说明了只要菜品做得好，不管地段如何，自然会有大把顾客盈门，然而，一家菜品做得相对一般，店面装修也很普通的餐厅，仅仅是因为地段选得好而每天赚得钵盆满盈，这就在另一层面解释了风水的重要性。

现在，越来越多的人不断意识到风水对于餐饮业经营的重要影响。并且开始逐渐去了解、利用、改造和顺应它。风水对于一个餐厅经营的影响涉及许多方面，比如餐饮店的选址、设计、内外装饰布局等都有很大的关系。

一般来说，餐饮行业的风水要点包括餐饮店的选址、餐饮店的外观设计、餐饮店的内部设计等许多方面，这些要素都得到了满足才能达到事业的和谐有序发展。现代餐饮行业的风水设计需要重视对其所在地理位置的研究、外观设计的研究、内部装饰布局的研究、物品摆放位置的研究等诸多方面。例如，在中国很多地方，一般人们将财神分为文财神和武财神，认为赵公明元帅是文财神，关圣帝君（即关羽）为武财神，现代店铺大多以福德正神为财神，也有一些行业供奉本行业的祖师爷，并将其视为有利于自身发展的"财神爷"（图5-59）。

据说风水好的餐厅就适合经营，能带给人们幸福和宁静感，风水不好的餐厅会让就餐者感觉不舒服，并且不利于餐厅经营。其实，许多风水原理与设计心理学如出一辙。只要有可能，设计师就要认真考虑风水对餐厅设计产生的影响，趋利避害。

5-59 许多餐厅入附近摆放的武财神关羽塑像，认为能够给餐厅的经营带来财运

小结

心理感知的确很奇妙,既有量化的成分,也有感性的因素。设计心理学在餐饮空间中的作用有时无法量化评估,但是切实存在着。把设计心理学的相关因素应用到餐饮空间的设计之中,不仅是功能为先的现代设计理念的应用,更是人性化设计理念的体现。设计师在设计出赏心悦目的餐饮空间的同时,也应认真考虑餐饮空间对顾客的心理影响。从灯光到色彩,从距离到尺度,这些都会对顾客产生显著的心理影响,这是一个综合体,但最终的结果会影响餐厅的整体经营。

思考练习

1. 从群体上考察的话,群体心理会对就餐空间产生哪些影响?

2. 从个体就餐心理出发,就餐空间的设计需要注意哪些方面?

3. 照明以及色彩会对餐饮空间的设计产生哪些影响?

4. 在设计餐饮空间时,如何更好地规划就餐的心理空间?

任务书

1. 测量某个餐饮空间,绘制平面图示意图,并重点标示出家具之间的间距。

2. 对这个空间的照明灯具以及照度、空间的色彩做简要地分析。

第6章 设计实务

在餐饮空间设计和经营管理中，经营者可能会有重视空间设计而轻视厨房管理的倾向，即注重餐厅的装潢和布局，忽略厨房的设计与配置。面对一个餐饮项目的过程导向方法，除了视觉层面的空间设计外，对于设计和经营管理也不容小觑，这对于餐厅的良性经营有着至关重要的影响。从管理的角度来看，解决方案来自分析餐厅规定操作的功能需求，这种设计管理看似有些是隐性的，但实际上如果按照一定的管理程序来进行运作的话，其效果是显而易见的。

归根结底，餐饮业属于服务行业，因此，考虑面向顾客的服务策略同样重要。经营餐厅的过程是挖掘并最大限度地利用资源的使用价值的过程，所以一个运营成功的餐厅需要明确的服务策略来贯穿全局。对于餐饮空间而言，服务策略的含义是指在经营餐厅时，选定一个或者多个主题，向顾客宣传餐饮空间的文化并引导顾客进行餐饮消费的行为。

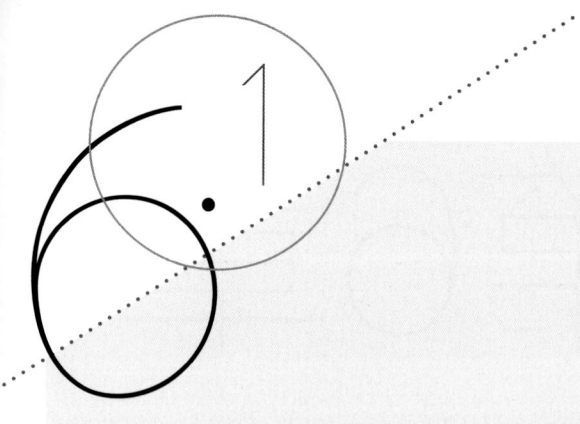

厨房管理

厨房与餐厅位置不合理或餐厅与厨房面积比例不当，都会造成厨房生产效率低下，进而影响到菜肴的生产与质量。许多经营者往往看不到其中的利害关系，而是更多地将原料产品质量不佳的原因归罪于生产、操作者的消极怠工，结果出现的种种问题不仅难以解决，还加剧了管理者与被管理者双方的矛盾。

此外，厨房空间环境的好坏直接影响员工的工作情绪和身心健康，舒适的工作环境有利于调动员工的工作热情，提高劳动效率。反之，则会使员工心情压抑、情绪低落，影响工作速度和质量。因此，合理规划和设计厨房的空间环境，以及如何管理厨房显得尤为重要。

6.1.1 布局与交通

1. 布局

中、西餐厅的厨房各占其餐厅面积的30%~40%，宴会厅厨房占餐厅面积的30%左右。洗碗间面积为厨房面积的20%~22%。厨房总面积（含洗碗间）与餐厅总面积之比约为0.5:1，最高为0.8:1（图6-1）。

一般来说，从管理的角度来看，厨房和餐厅在同一楼层能最大化地提高执行效率，满足和应对就餐高峰期间的出菜和送菜的需求，但是，如果餐厅与中央厨房不在同一楼层，则需解决运输设施与出品品质控制等方面可能存在的问题。因此，厨房应尽量与后勤通道、垂直运输系统相连，方便物品和餐料运送和垃圾的清运。

2. 交通

从服务的最佳时限来看，从顾客点菜到服务人员及时到桌边开始进行服务，午餐和晚餐平均时间一般为10分钟左右。为此，厨房与餐厅的最远距离不宜超过40m。

一般来说，厨房与餐厅处于同一楼层较好，且中间通道尽量不要有阶梯或楼梯阻挡，如有斜坡，坡度不应大于

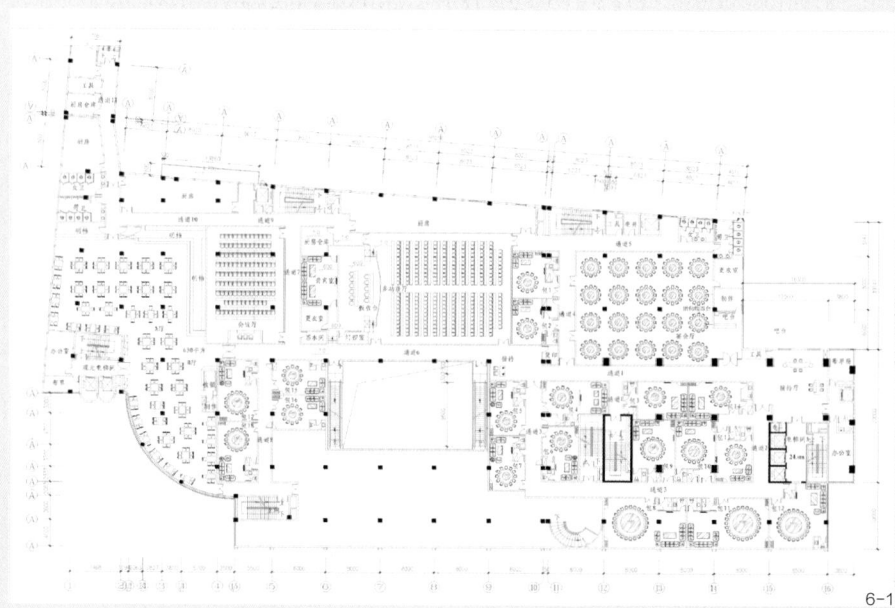

6-1 湖南耒阳市的神龙百度餐厅一层的整体布局，从图中可以看出厨房占餐厅面积的30%左右

15°。此外，应尽量避免厨房位于地下层，以减少排污成本。还有值得注意的是，服务人员的传菜通道与顾客用的交通应避免交叉或重合。

6.1.2 土建要求

厨房地面要求防滑、易清洁、耐磨、耐重压、耐高温和耐腐蚀。宜使用100mm×100mm的吸水防滑砖，不宜选用300mm×300mm以上规格的地砖。地面需有轻微的坡度导向地面排水口，以防积水。地面和墙体的交接处应采用圆角处理。厨房的墙体宜采用吸音和防潮的建筑装修材料。墙面应全墙使用尽可能大面积的白色瓷砖铺设，并做好墙体的防漏处理（图6-2）。

厨房大部分区域的净空高度应至少不低于3.5m，也不宜高于4.5m。厨房的顶部采用耐火、防潮、防锈、防凝露滴水的石棉纤维或轻钢龙骨板的材料进行吊顶处理，天花与墙体之间不应留有任何缺口及空隙。

6.1.3 排污系统

1. 排水系统

厨房的排水系统要求大排量、耐高温、耐酸碱、少弯道、不易结垢，并能有效防鼠、防臭、防堵塞。排水沟内阴角做成弧形，并有水封及防鼠装置。排污管要求低于厨房地面20cm或以上，不宜超过40cm，宽不小于30cm，不宜超过40cm，管道排水管径不小于15.24cm。

厨房应采用明沟排水，渠底材料最好采用白色瓷砖铺砌或采用不锈钢板整体铺设。渠面以易于清洁、耐高温及腐蚀、稳固结实材质盖板（如防锈铸铁板或不锈钢板）覆盖，与地面紧密相接及持平，不会对厨房操作人员的行走造成障碍或有下陷隐患（图6-3）。

2. 排水渠

排水渠宜设于易于清洁区域，避免设于炉头旁或橱柜底。如因客观原因，某些部位的排水渠日常难以打开清理，须在该部位安装高压热水龙头，并在方便操作的位置设置开关。排水渠的排水坡度在3%~4%之间，洗盘区和制冰区的可以最大加到6%。带有油腻的排水，应与其他排水系统分别设置，并安装隔油设施（图6-4）。

6.1.4 隔油系统

设于厨房之外的地面，远离客用区域及员工密集场所，需考虑常年风向因素，避免清理隔油时的气味传至客用区域及员工聚集区域。隔油池区宜邻近后勤交通道路，

6-2 厨房材料要求防滑、易清洁、耐磨、耐重压、耐高温和耐腐蚀

6-3 厨房应采用明沟排水，并且不会对厨房操作人员的行走造成障碍

6-4 厨房的排水渠宜设于易于清洁区域，避免设于炉头旁或橱柜底

方便外来专业清污公司车辆靠近清污，或方便餐厅外铺设管道吸清污物。隔油池盖需有防臭装置，附近预留水源及排水设施。一般按容积不小于30m³设置，化油管道300mm直径或以上（图6-5）。

6.1.5 垃圾处理

设有专门放置临时垃圾的设施并保持其封闭。附近预留给排水。邻近货梯，有效防臭、防蝇、防污染，易于清运。设分类垃圾回收装置，废物利用（图6-6）。

6.1.6 防疫处理

厨房上空不能有未经有效隔断（层）的卫生间、污水管道、粪水管道等。厨房各区域应应设置适当数量的紫外光消毒仪。厨房区域须有足够的消灭蚊蝇、蟑螂等虫害措施。厨房内应设有足够的洗手池。所有洗手池都应该配自动出水龙头、洗手液，纸张抽取器或其他干手设施和脚踏式有盖垃圾柜。所有仓库不宜设置排水沟，如实在必须设置，也不应为明沟（图6-7）。

6.1.7 隔音隔热

厨房内部应设置有效的隔热、隔音、隔味、隔烟措施（图6-8）。此外，厨房和餐厅之间要有一定的缓冲空间，一般用备餐间或备餐区域作为过渡空间，可通过设置双道弹簧门、通道屏风、拐角玄关等方法有效地解决上述问题，还可避免就餐顾客对厨房的窥探。

6.1.8 安全管理

厨房区域应能随时独立关闭管理，尽量不要用作餐厅内部公共通道。餐厅通往厨房的门口至少需两个，一个出一个进。

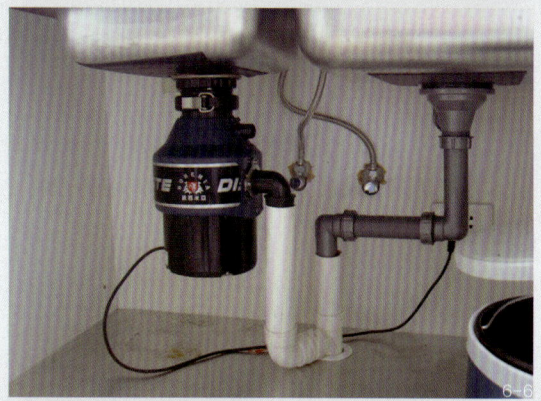

6-5 厨房的隔油系统的设置要便于清洗污物
6-6 专门厨房的垃圾处理器能有效地处理残余垃圾，并节省空间
6-7 厨房内应设有足够的洗手池
6-8 厨房内部应设置有效的隔热、隔音、隔味、隔烟措施

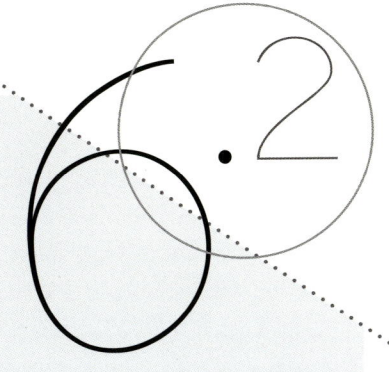

营销服务策略

营销服务策略对于餐饮空间来讲包括两个层面的含义：一是紧扣主题文化，体现主题文化的内涵所在；二是要有明确的主题，由此来提高顾客的注意力。餐饮文化空间的营销主要由文化营销服务策略和体验营销服务策略两方面组成。

6.2.1 文化营销服务策略

餐饮文化营销充分运用文化力量实现企业战略目标。餐饮企业把丰富的想象将构思嫁接到餐饮产品和服务、树立品牌形象和创新企业文化中来，用文化作媒介与顾客及社会公众构建全新的利益共同体关系，创造餐饮产品消费价值链，增添产品的亲合力，增强企业的整体竞争优势。

当餐饮空间注入文化内涵时，空间表现就会具备一种文化感染力，把不同地域的、不同民族的、不同时期的历史文化用视觉化的空间符号进行新的诠释。在这样的诠释下，餐饮空间的表现力被完全的释放，空间的设计创想也会多角度的变现文化内涵。

1. 文化因素的视觉化表现

从餐饮空间出发的文化因素可以包含传统文化、时尚文化、地域文化和民族文化等。这些文化元素在餐饮空间中的存在首先或者说最先是通过人的眼睛来感知的，在感知的过程中的空间表现力逐渐体现文化元素的内涵。文化内涵丰富了空间的遐想，提升了空间特有的关系。

由于餐饮空间文化元素的表现主要是通过对顾客的视觉感染力来突显，空间必须给用餐者一种图像化的传达来吸引他们的注意力，感受空间的表现氛围。现在的餐饮空间不仅仅是一种单纯的就餐场所，其糅合了文化元素，生活方式和社交功能。餐饮空间的品质，渐渐开始转移到一种特有的"空间情调"，而空间情调最直接的表现形式就是餐饮空间的表现力度，通过对餐饮空间的合理划分、设计元素的表现，来营造氛围，使整个空间的表现图像化，影响用餐者的视觉感知能力，只有首先影响用餐者的视觉感知，才能影响用餐者的心理感受，这样就增强了空间与用餐者的联系。餐饮空间的图像化能够直观地传达一种文化氛围。文化元素和餐饮空间的结合渐渐成为一种发展趋势。因为餐饮不单纯是一种商业行为，最终它必然要回归到文化上来，而这种文化首先就需要整个餐饮空间带给人们视觉化的感受（图6-9）。

6-9 香港Mango Tree II 全新演绎传统泰式风格，设计师特意以泰国节日为灵感，糅合泰国传统的艺术元素及当代气息，把整个空间打造成优雅、时尚的高级泰菜食府

2. VI设计

餐饮空间VI的策划与设计也是一种在视觉层面体现文化营销的服务策略，在新的经济环境条件下，餐饮业发展趋势明显反映在文化内涵的不断升值上，通过主题文化风格的营造与形象设计的提升来吸引顾客，这就要求餐饮空间VI设计与餐饮产品相统一，与餐饮空间的企业文化相呼应。无论是门面设计导向标识、环境装饰、碗碟餐具、家具饰品、员工制服，还是菜单设计、餐巾盒、打包盒的包装等都应充分展现出具有特色的主题文化风格与整体美感，为企业树立鲜明的形象与良好的品牌效果（图6-10）。

餐饮空间的VI设计其根本特征正是表现出企业的文化价值，包括：餐饮空间的名称与商标特色、菜品包装设计、品牌理念以及主题风格定位、经营管理、服务水准、环境氛围等，都能体现出独有的文化特点。餐饮空间的VI形象又具备四维空间的特征，即包含时空性特征，主要体现在餐厅主题文化的时代性与空间的流动性。随着人们生活水平、风俗习惯、社会状况及文化环境等因素的变迁而不断标新立异。

餐饮空间的VI设计，规划了餐饮经营的整个视觉识别系统，蕴含着深刻的文化内涵，代表了高品质的服务意识，对餐饮企业来说，也是一种稳定而有效的"美学管理"方式。设计师必须充分了解餐饮行业的风格特色，遵循客户的审美特点，采用科学的手段，分析餐饮本身的空间性、文化性特点，学习一些传播策划的经验，才能为餐饮空间成功设计出一套个性突出、严密完整、装饰美观、传播广泛的VI视觉识别系统。

6.2.2 体验营销服务策略

顾客就餐的体验感受经常以空间的象征性为手段，通过某种象征性，把无形的变为有形的，把模糊的不可捉摸的空间情感具体化出来。从顾客就餐开始的一系列的信息交流来看，餐厅中的很多具体的物件和营造的氛围都会引发具体的体验感受，如室内的结构、桌的肌理、材料、形状、色彩、照明以及由此构成室内空间的节奏、序列、美感等。

1. 主题空间营销策略

餐饮环境的主题性设计就是通过其营造的就餐空间环境向目标顾客群体表达的中心思想和经营理念，也是其市场定位和服务定位的一种表现。通过某种特定的主题，能够创造出能够突显该主题的就餐氛围及环境，同时也为顾客提供就餐的整体感受和体验。

（1）氛围的营造

餐饮空间的主题营造具体方法就是充分利用各种物质要素引发人们对主题的联想，从而形成一种就餐环境的气氛。餐饮环境主题性营造的表现意念十分丰富，社会风俗、风土人情、自然历史、文化传统等各方面的题材都是可以设计构思的素材。随着餐饮空间的性质和类型的改变，随着人们个性要求的改变，环境气氛的要求也会随之改变。无论是轻松活泼的酒吧，还是富丽明亮的中餐厅，餐厅环境的主题气氛总是与场所的性质相联系。通过某种主题性的营造，使人产生"移情"，进而产生形象与感情的连锁反应。在满足使用功能符合技术要求的前提下、进行主题氛围的营造（图6-11）。

6-10 餐厅小到菜单设计、餐巾纸、筷子包装等都应充分展现出有特色的主题文化风格与整体美感，为企业树立鲜明的形象与良好的品牌效果

6-11 风尚雅集餐厅在文化主题诉求中，甄选了明清之间金陵八家之一的高岑的《江山千里图》进行了现代感的拼接，画风的简淡雅致，与清雅浑然的色彩、材质表现，在形式上获得了高度一致，同时回归知性、情调、个性的江南文化价值亦清晰展映，徒生了空间品质感

（2）材料

材料在空间组合中主要通过其质感和色彩的表现来塑造餐饮空间环境主题。在质感方面，常将木、石、金属等质感的材料贯穿强调于整个空间，形成餐饮空间的环境主题。空间造型形态与空间中的任何物化材质的表象均反馈着该空间主题的内涵。如常见的小木屋餐厅，空间整个界面及陈设都表现出木材纹理效果，能恰到好处地体现出木材质的亲切感和原始的神奇力量（图6-12）。

（3）地域文化

地域文化会给顾客一种综合的感受，表现出一种异乡情调和思乡之情，常见的是将所供应菜系发源地的风土人情，地方符号与环境联系起来，在口味与视觉的综合作用下，使顾客从单一饮食上升到对地方文化、民族文化全方位的感受。一般的中式或西式餐厅，常将其地域有代表性的吉祥符号作为构成元素塑造环境氛围，并巧妙地融入现代设计思想，达到复活历史空间的目的，这种将餐饮风味与地域文化特征融合在一起的模式，让人一看就知是经营某种菜系的餐厅，具有明显的个性特征（图6-13）。除了表现传统的静止符号外，把一些具有传统文化特征的表演和游艺引入餐厅环境，更能使餐饮环境的特征得到加强和变得生动。

6-12

6-13

6-12 位于乌鲁木齐市中心商业广场的马仕玖煲丹露店中餐厅采用简洁的现代手法，以白色、灰色的高度凝结，将空间元素进行合理、大气地组合；以洗练的笔触，用纯净的手法，普通的材料营造动人的空间效果，表现出极有内涵和独特的空间气质，将实用、时尚的新中式风格融在一起

6-13 蝶恋花新中式餐厅用传统符号勾勒出一种文化意境，在口味与视觉的综合作用下，使顾客从单一饮食上升到对地方文化、民族文化全方位的感受

（4）怀旧主题

在餐饮空间表现怀旧主题，表现过去时光及历史事件以引起经历过那段时光的人群的追忆，将口味和内心的感受交织在一起，容易使顾客走过一段情感的经历，引起共鸣，以吸引有过体验的顾客光临。将过去的物件用作餐饮环境的构成要素是一种常用手法，利用当时的物件作为现在餐饮的道具，有一种戏剧舞台的效果，所以国内一段时间"知青餐厅""杂粮食府"的创意风行一时，其实质已不是粗茶淡饭，而是转换为强调情感和营养食品的结合，它以一种苦涩回忆，衬托出今天的甘甜生活，成为新老朋友相会的理想去处（图6-14）。

（5）故事主题

此外，还可以在餐厅中策划出一个故事主题，室内环境围绕着故事主题展开，运用壁画、道具的演示，使空间表达故事情节，让顾客在一种有情节的环境中就座，通过情节的展开与顾客的心理产生联系，体现其餐饮环境的特有个性。故事可分为真实情节和杜撰情节两种类型，这些故事主题可运用现实手法或夸张手法来表现。以老照片的形式展示出来，也是表现这类主题的重要途径之一，把这些照片结合其他室内要素，以照片表达的情节为主调展开，照片可单置、组置或群置，从中使顾客读出真实的历史事件和再现当时场景，感受到创业的不易和人生的真谛，引起情感上的交流和共鸣（图6-15）。

2. 展示空间营销策略

在餐饮空间设计中，存在着许多展示设计的内容，而且这些展示设计作为一种推销的先驱方式，能够给顾客带来一种直观的多方位感受，有效地传达信息，达到较好的收益效果。展示设计在其中作为辅助作用的成分越来越大，不仅能有效地做到交流菜品和饮食文化信息的作用，而且也达到了适当把握顾客心理需求的目的，同时也达到了信息的传递，营造了一个满足顾客需要的文化氛围和饮食环境。

（1）展示照明

餐饮空间中合理运用展示照明的对于餐厅的定位营造和氛围的营造都有功不可没的作用。根据顾客就餐的习惯，顾客都倾向于在一个比较正式和光线合理的情况下就餐，所以设计的时候要考虑到这些因素，符合顾客的就餐心理（图6-16）。

6-14 淡淡怀念中的浓浓旧情拾味馆餐厅以"骨子里熬出的浓浓味道"为主题，围绕浓浓香馥的骨汤为空间情感的诉求，注重于怀旧的亲情、友情。餐厅设计氛围围绕温馨、纯朴、怀旧等关键词展开，让消费者在用餐环境中感受到骨子里的浓浓味道

6-15

6-15 以童话故事为主题营造空间的西餐厅，能够很好地吸引儿童来此就餐

6-16 成都宽窄巷子大妙火锅餐厅的展示照明设计采用自然照明和人工照明相结合的方式，极大地丰富了空间的照明效果

6-17 日本权八居酒屋餐厅采取开放式厨房布局，顾客可以目睹菜品是通过怎么样的烹饪手段做成的，以这样的体现方式感受现场饮食的独特乐趣

（2）开放式厨房

在现代餐饮设计中，开放式厨房的设计为展示提供了新颖的方式。顾客可以目睹菜品是通过怎么样的烹饪手段做成的，以这样的体现方式让顾客现场感受到饮食的独特乐趣（图6-17）。餐饮器具蕴藏着丰厚的文化内涵，许多餐饮器具本身就是工艺品，根据不同的餐饮主题和菜式，巧妙地搭配不同风格的餐饮器具会给人们增添特别的文化情调。

（3）文化与地域

此外，在顾客就餐的服务过程中，融合语文化、茶文化、菜品文化的民族和地域色彩，创新设计文化内涵丰富的服务方式，在迎宾、沏茶、斟酒、上菜、结账、送客等服务过程中，巧妙地将民俗礼仪、风土人情、菜肴典故、名人轶事、现场烹饪等内容，艺术地嫁接到餐厅服务环节中来，展示文化服务的特色，提供产品的品位，增加餐饮消费价值链，使顾客回味无穷。

传统餐饮空间中的展示设计或营造，最关键的是让人在其中接受信息，进行人与人的、人与物的交流以及增长见识、受到教育和启迪、获取信息。在如今的社会，早已不再把温饱问题作为政治话题讨论的时候，此时的展示设计在餐饮空间中所做的一切都是在营造一种文雅和内涵的饮食文化，更好地传递品质生活，满足大众消费的需求。

小结

不论从设计管理还是从服务营销的角度出发，最终的目的是为了保持餐厅在良性的经营前提下获得盈利，而厨房管理也不容忽视，因为厨房一直都是餐厅的核心。一家餐饮企业管理得好不好，很大程度上决定了未来的发展。传统层面的管理，比较注重厨房生产中菜品的品质，而常忽略其他环节，这一直以来成为餐饮企业管理的"瓶颈"。不管怎样，作为餐饮企业的一个重要组成部分，科学有效地进行管理，并且注重服务营销，这是餐饮企业必须认真对待的重要环节。

思考练习

1. 厨房的设计规划和管理对餐厅的整体经营会产生哪些影响？

2. 从餐厅经营的角度出发，如何通过一系列的营销服务策略获得更好的收益？

任务书

1. 参观某个餐饮空间的后厨，绘制简单平面示意图，并在图纸上标示出操作流程以及和前厅的关系。
2. 访问餐厅的管理者关于经营管理上的问题。

第7章 经典案例赏析

优秀的餐厅设计总是能提出微创新或是大刀阔斧地革新,但这些都必须建立在遵循基本原则的基础上。优秀的设计师和餐厅业主也是从实践中得到经验的。

不管怎样,餐厅设计在很大程度上始终扮演着视觉的主角。下面所选取的一些案例,从餐厅使用性质上进行分门别类,并从方案的立意、设计、经营等角度简单做出评论,它们展示了从外观建筑到室内布局,以及营业手段上的多样性。

7.1 中餐厅设计案例：印象客家

7.1.1 项目简介

项目地点：福建 福州市
案例面积：800平方米
设计师：陈杰

7.1.2 平面布局

餐厅的整体功能布局非常明确，可以分为室外景观区域和室内就餐区域，以及连接这些功能区的公共空间和服务空间。设计师花了很大的篇幅去营造一个美轮美奂的户外就餐环境，通过折廊、水体以及郁郁葱葱的植物构成了优雅的就餐环境，使得在这个区域就餐的顾客能得到极大地放松。同时，餐厅在处理户外景观和室内包厢的时候，尽量考虑到两者的通透性，使顾客能够最大限度地享受到精致的景观设计。厨房等后勤部门位于室内包厢和室外景观的交会位置，能够很方便地照应到室内外的顾客需求（图7-1）。

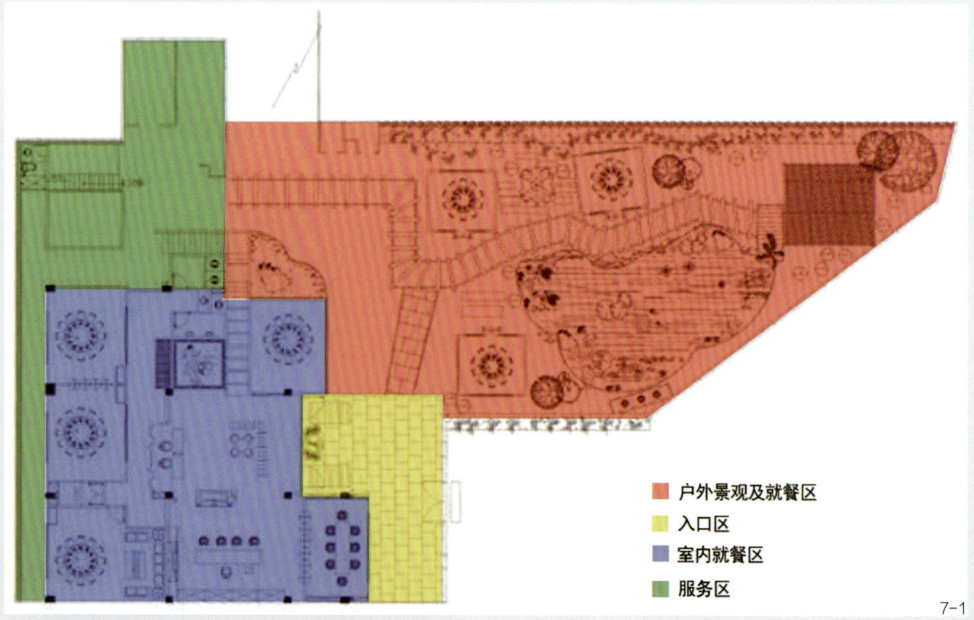

7-1 功能布置平面图

7.1.3 空间节奏

从功能布置上看，从室外的庭院景观到室内的包厢，其间的空间节奏处理得相当有序，基本遵循着"公共-半公共/半私密-私密"这样的节奏进行设计的。虽然餐厅面积不大，由于在空间处理上具有很强的节奏感，因此整体空间显得很丰富。

尚未进入空间内部，外面的庭院景观就已经吸引了顾客的目光。在户外景观处理手法上借用了中国古典的造园手法，曲径通幽，伊水而坐，显得十分古朴自然，顾客在此就餐在享受美景的同时能够得到极大地放松。虽然整个空间处处体现着传统的园林气息，但设计师对于材料的运用又不失整体的现代感。

曲径有秩的布局丰富了视觉的层次，得益于此，设计师在这个环境中设置了若干包厢。包厢置于自然的怀抱之中顾客便拥有了广阔的视野。同时，玻璃墙面使得窗外郁郁葱葱的景致成为一道天然的背景（图 7-2）。

7.1.4 交通流线

餐厅从入口处进行了一次分流，使得顾客分别进入室内或是户外景观区域，进入到室内的公共空间之后是二次分流，把顾客引导到各个包厢。室内在设计上同样注意到了空间的通透性，并且关注到室内就餐环境与室外景观的关系，以及室内外公共空间的交通衔接，使得整体的空间功能从室外到室内既流畅又显得自然（图 7-3）。

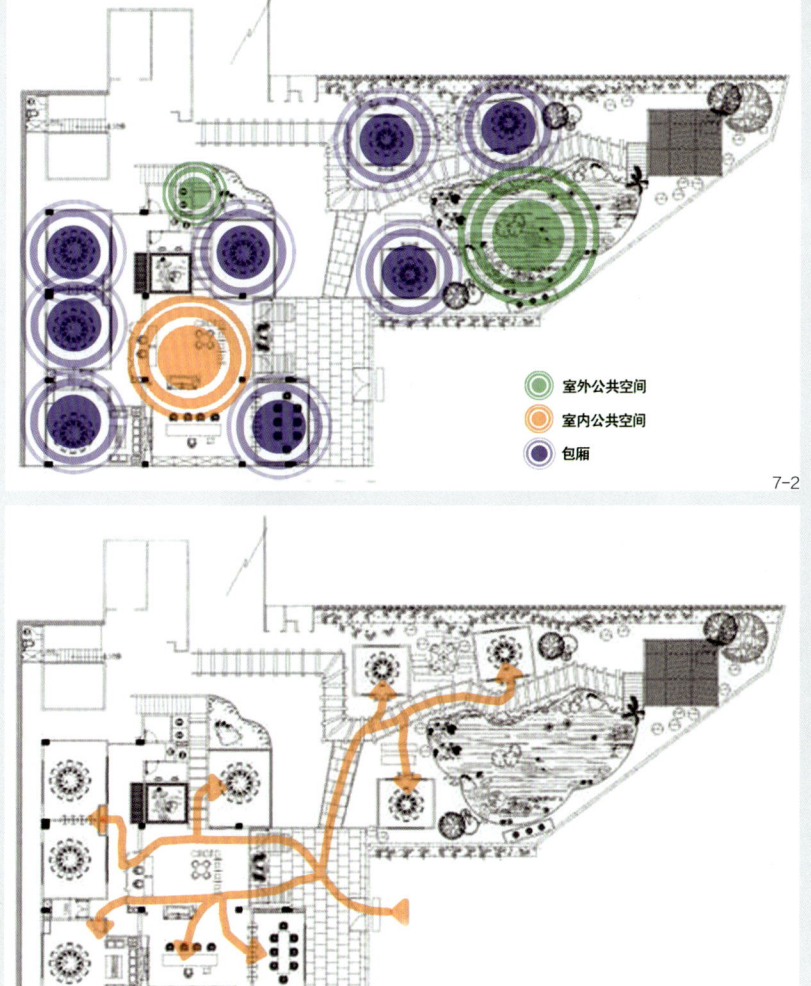

7-2 空间节奏分析图
7-3 交通流线分析图

7.1.5 案例介绍

印象客家的入口区域其门面上方用斑驳的铁皮做装饰，粗犷的纹理显得厚实而有力量感。下方的圆窗位置，摆放着石磨与擂茶饼，墙面上的地图指示出客家族群在国内的分布情况，这些与客家文化一脉相承的物件在这古朴的空间中突显出厚重的文化气息（图7-4）。

当把视线移到印象客家的主体内部空间时，一种既陌生又熟悉，既单纯又丰富的视觉感受油然而生。用铁锈色的瓷砖铺陈出的空间地面，孕育着不可或缺的气度，并加强了走道的纵深感（图7-5）。在公共空间处理上，中式家具、器皿以及大体量的木柱，适时地分布在相应的位置，让人们在繁简交错之间找到最舒适的体验，通过展品的陈设也提高了餐厅的人文气氛和品质（图7-6）。包厢的设计遵循开放式的结构，通过一些巧妙的设计与其他区域进行有效的连接与视觉沟通（图7-7）。在细节的方面，笔触不多的勾勒，却很到位。黑色簸箕印上百家姓，重重叠叠地分布在过道等区域的上方。既是装饰，也蕴含着客家的迁徙文化（图7-8）。此外，一面展示客家建筑的黑白照片墙则把人们带回那悠远的记忆（图

7-4

7-5

7-6

7-4 印象客家外部的门头以及室外庭院景观无处不体现着设计师的独具匠心和对客家文化的理解

7-5 用铁锈色的瓷砖铺陈出的空间地面，加上狭长的走道空间，加强了走道的纵深感

7-6 公共空间采取利用各种能反映客家文化的家具以及一些专门的陈设空间，突出体现餐厅不凡的格调和文化品位

7-7

7-8

7-9

7-7 包厢的设计遵循开放式的结构，通过一些巧妙的设计与其他区域进行有效的连接与视觉沟通

7-8 黑色簸箕印上百家姓，重重叠叠地分布在过道等区域的上方，这既可以作为装饰，也蕴含着客家的迁徙文化

7-9 一面展示客家建筑的黑白照片墙把人们带回那悠远的记忆

Chapter 07 | 经典案例赏析

147

7-9）。

　　印象客家虽是一个质朴的空间，但这种质朴并非奢华的对立面，而是一种平凡的表象，骨子里却充满了丰富的情愫。在公共空间的细节处理上，设计师也巧妙地运用了射灯和一些具有独特效果的艺术吊灯去塑造富有文化氛围的环境，这些灯光与空间及其各个界面的材质进行了很好地配合，使顾客置身其中，能够在就餐的过程中有美好的视觉享受（图7-10）。

7-10 不同灯光效果的处理方式，使空间的照明有了独特的效果

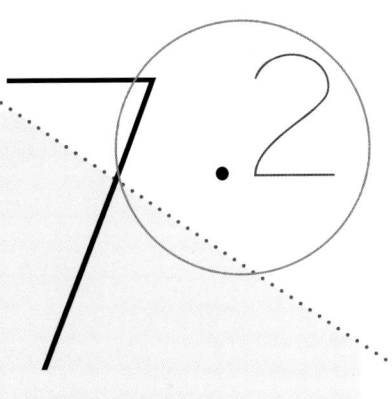

西餐厅设计案例：BanQ波浪餐厅

7.2.1 项目简介

项目地点：美国 马萨诸塞州
案例面积：4800平方英尺
设计师：Dan Gallagher

7.2.2 平面布局

BanQ波浪餐厅的整体平面呈长方形，由于是由老建筑改造的室内，因此，在功能布局上尽量符合原有的建筑结构，并在此基础上尽量扩大空间的通透性。在保证整体空间的同一性上，局部空间也做了些许的变化，以便与顶面的"波浪"交相呼应（图7-11）。

7.2.3 空间节奏

餐厅在空间节奏上非常明确，基本遵循着"入口空间——主要就餐空间——服务空间"这样的秩序，这样既保证了就餐空间的通透性，也能提高服务效率，并最大化地利用就餐空间（图7-12）。

7.2.4 交通流向

餐厅有一个主入口和次入口，这就基本上决定了餐厅的交通流向。顾客能够方便地从两个入口到达在餐厅中央的主要就餐区，同时，服务人员也能穿梭在其间便捷高效地服务（图7-13）。

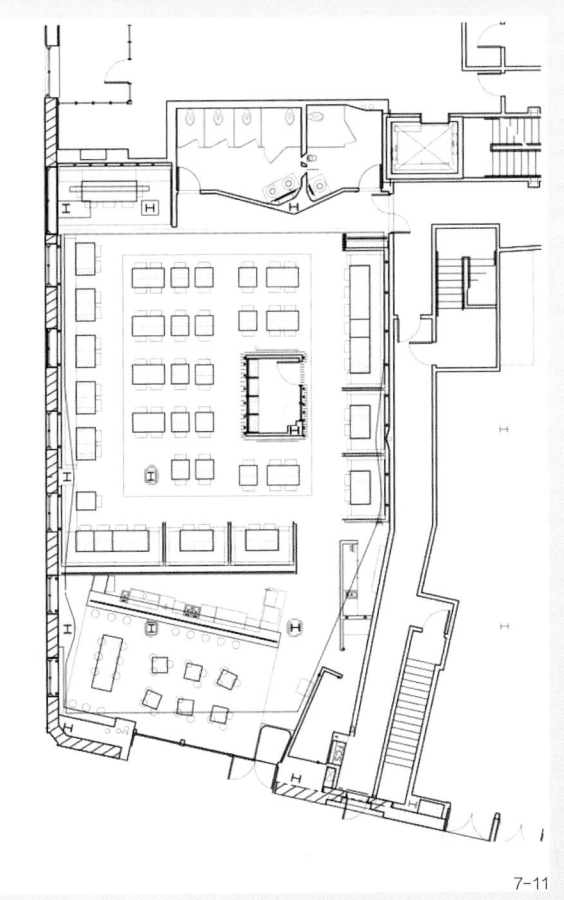

7-11 功能布置平面图

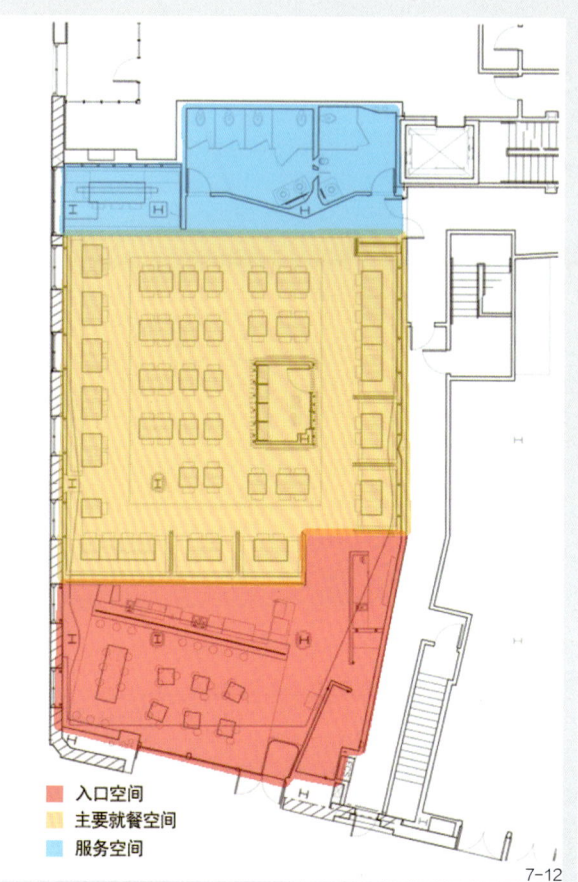
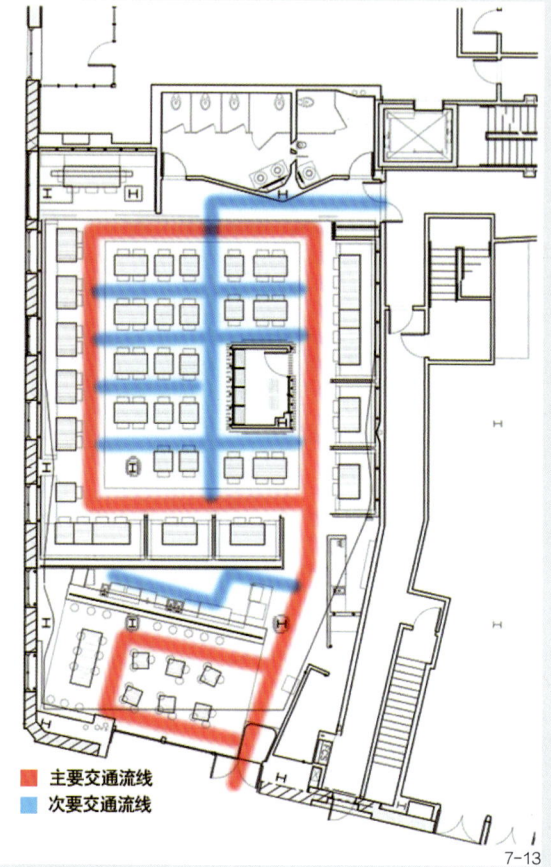

7-12 空间节奏分析图   7-13 空间节奏分析图

7.2.5 案例介绍

BanQ 餐厅的店铺设在一栋建于 1917 年的古典复兴式建筑内。建筑的原主人是一家叫分币储蓄银行（Penny Savings Bank）的银行。2006 年开始了变身工程，将原来楼上的办公室改成 23 个高档住宅公寓单元，楼下建筑保留外貌，内部则允许租客 BanQ 餐厅自行决定（图 7-14）。进入 BanQ 餐厅，一推开不起眼的黑漆门，首先映入眼帘的是让人惊叹的另类装潢（图 7-15）。

餐厅由两部分组成，靠近华盛顿街（Washington Street）的前半部分是一个酒吧，而后方是较大的就餐区域。这是位于餐厅前厅的酒吧区（图 7-16）。

由于建筑是受到保护的老建筑，再加上BanQ餐厅只是租客，不能破坏内部结构，更不能改变水管、电气设备、喷淋系统、照明系统、声学系统等一系列固定设备的位置。因此，BanQ餐厅聘用的建筑公司Office dA采取了用条纹木板遮盖或隐藏那些东西的策略（图 7-17）。

条纹木板呈波浪形布置，而且呈放射向两侧延伸以柔化相邻区域的边界。这种设计不仅起到了良好地隐藏设备及柱子的效果，更为就餐者创造了一种木材波浪世界的奇特视觉感（图 7-18）。

BanQ餐厅里的结构性柱子就像是从天花板上向下滴的水，经过漫长岁月后形成的钟乳石。不但巧妙地与天花板上的波浪形成无缝对接，更加强了木材波浪世界的视觉震撼（图 7-19）。

BanQ餐厅的文章基本全在波浪形的天花板上，这就保证了地面空间的灵活多变性，可以根据不同活动的需要而变化，例如因聚会或其他活动带来的不同桌椅组合，二

7-14 餐厅外观

7-15 餐厅入口

7-16 位于餐厅前厅的酒吧区

7-17 贯穿整个餐厅内部空间的条纹木板

7-18 条纹木板呈波浪形布置，而且呈放射状向两侧延伸以柔化相邻区域的边界

7-19 BanQ餐厅里的结构性柱子就像是从天花板上向下滴的水，经过漫长岁月后形成的钟乳石

Chapter 07 | 经典案例赏析

座、四座或六座（图7-20）。

某些区域由于标识、照明和其他细节设计的需要，而使天花板下摆或者下探到地面。在有意无意间，这更加强调了木材波浪世界的整体视觉效果（图7-21）。如果说纵深方向的设计强调了表皮的无缝特质，那么侧着望向上部条板缝隙中服务设备空间的一瞥，则增加了几分神秘感（图7-22）。

餐厅部分的基础设施，结构、排水、自动喷水灭火系统、照明系统和音响系统都隐藏在木纹板式系统内。几何形状的木缝符合上述每一个设备，与其他毗邻的设备，建立一个浑然一体的景观。每个肋骨的波动上限是四分之三英寸桦木胶合板组成的，从不同的角度保持视觉的整体性（图7-23）。

7-20 BanQ餐厅的文章基本全在波浪型的天花板上，这就保证了地面空间的灵活多变性
7-21 某些区域由于标识、照明和其他细节设计的需要，而使天花板下摆或者下探到地面
7-22 侧着望向上部条板缝隙中服务设备空间
7-23 结构系统

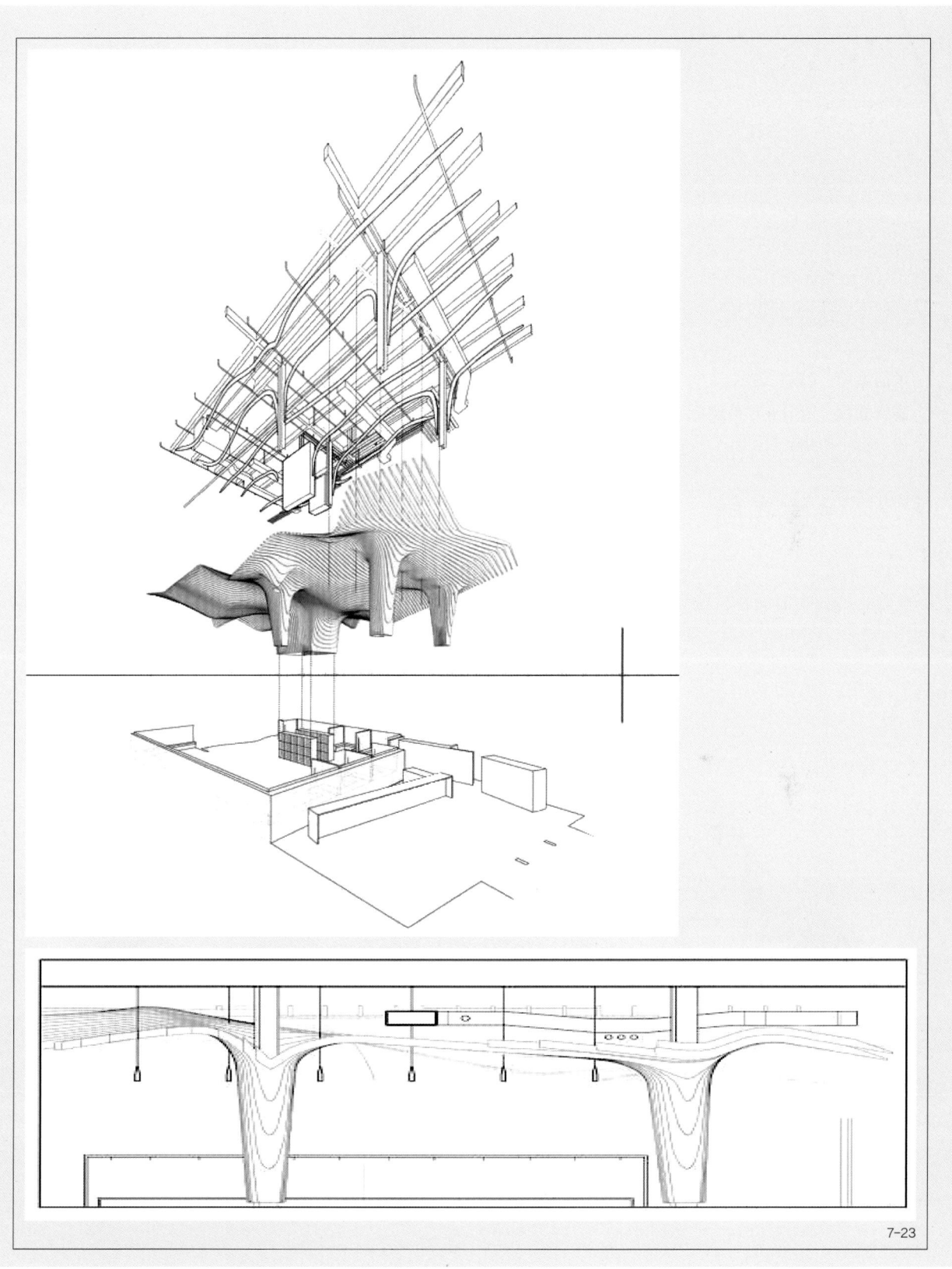

7-23

Chapter 07 经典案例赏析

7.3 快餐厅设计案例：Amoje美食餐厅

7.3.1 项目简介

项目地点：韩国 首尔
案例面积：900平方英尺
设计师：Karim Rashid

7.3.2 平面布局

餐厅的设计充分利用了作为聚会场所的空间、视觉地标的概念。设计师在就餐空间内创建了一个鲜明的标志性场所，让人们在聚会、社交、就餐之时都能身处五彩缤纷的环境中。餐厅中一些有机的"岛屿"不仅向空间注入了特色与当代审美思想，还成为重要的地标，人们围绕着柱子相识、聚会（图7-24）。

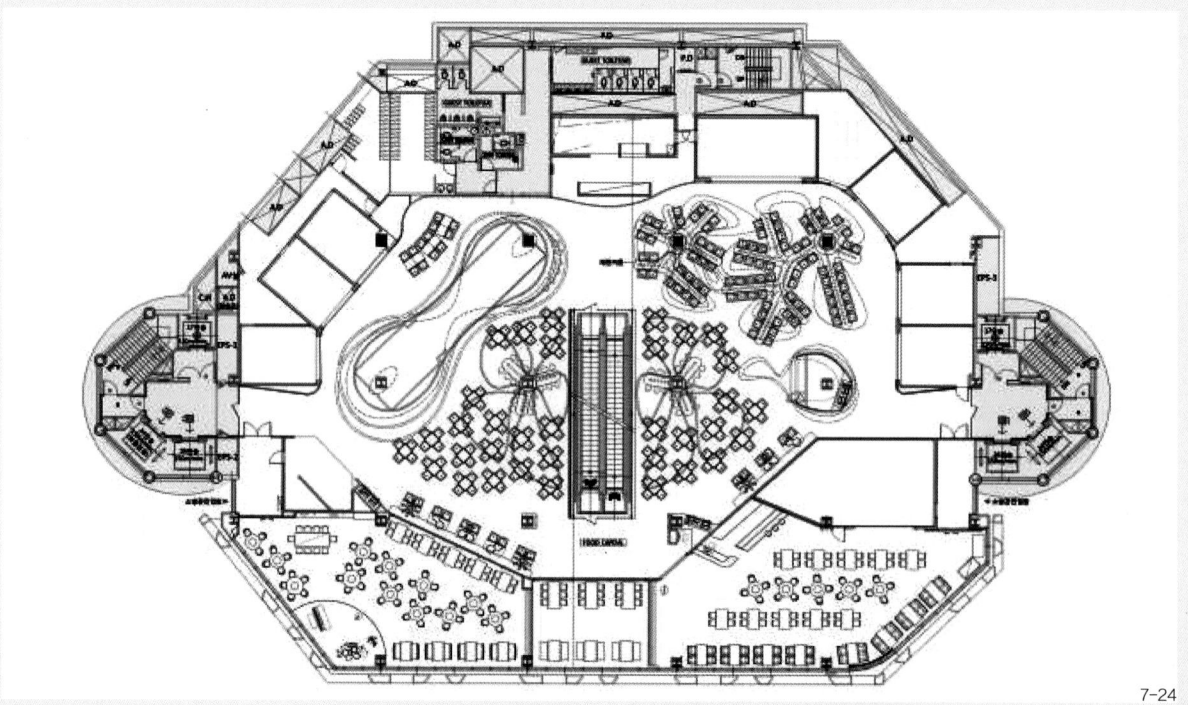

7-24 平面布局

7.3.3 空间节奏

餐厅的"岛屿"以离心方式布置,引领客人相互交流、交际、沟通,创建了一个生动活泼的动态环境,成功地塑造了空间。地面的流线型花纹打造了强大的线框,在空间内形成了连续不断的动态效果(图7-25)。

7.3.4 交通流线

餐厅内部"水滴"点缀在空间内,增添了特色与色彩。它们不仅在设计策略上有智能化汇聚与分布顾客付款行动路线的作用,还成为空间内辨识度极高的地标,让人们购物与选择商品都更加便利(图7-26)。

7.3.5 方案介绍

餐厅一面牢固的动态演示墙作为空间的背景,创建了一个视觉焦点,同时还遮住了公共空间的垂直交通流线。形态自由的天花板将人们的视线引向了外部与上方,同时也提供了隐蔽的局部照明,方便就餐(图7-27)。

周边的墙体形态连绵起伏,墙上穿洞,为服务柜台提供视觉开口。小吃摊位"嵌入"周围墙体之中,柔和而小巧的有机造型收银台将人们的目光吸引到了陈列的商品上,为室内的人们创造了不容忽视的视觉焦点(图7-28)。

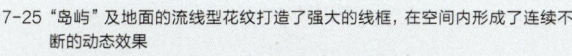

7-25 "岛屿"及地面的流线型花纹打造了强大的线框,在空间内形成了连续不断的动态效果

7-26 "水滴"有智能化汇聚与分布顾客付款行动路线的作用

7-27 餐厅立面

7-28 餐厅中柔和的墙体将顾客视线引导到小吃摊位

7.4 其他类型餐厅设计案例：日本东京绿色餐厅

7.4.1 项目简介

项目地点：日本 东京
案例面积：111.5平方米
设计单位：Sinato

7.4.2 平面布局

它位于东京自由之丘一个住宅里面，有着基本的混凝土框架。餐厅有111.5m²（1200sq ft），同时高度也很可观（约4.4m或14.4ft）。虽然其中很大一部分是在地下（大部分空间打造在水平面之下），同时灯光可以随时照射到共分三层的餐厅内部，但是顾客在这三层之间都可以非常自由地进出（图7-29）。

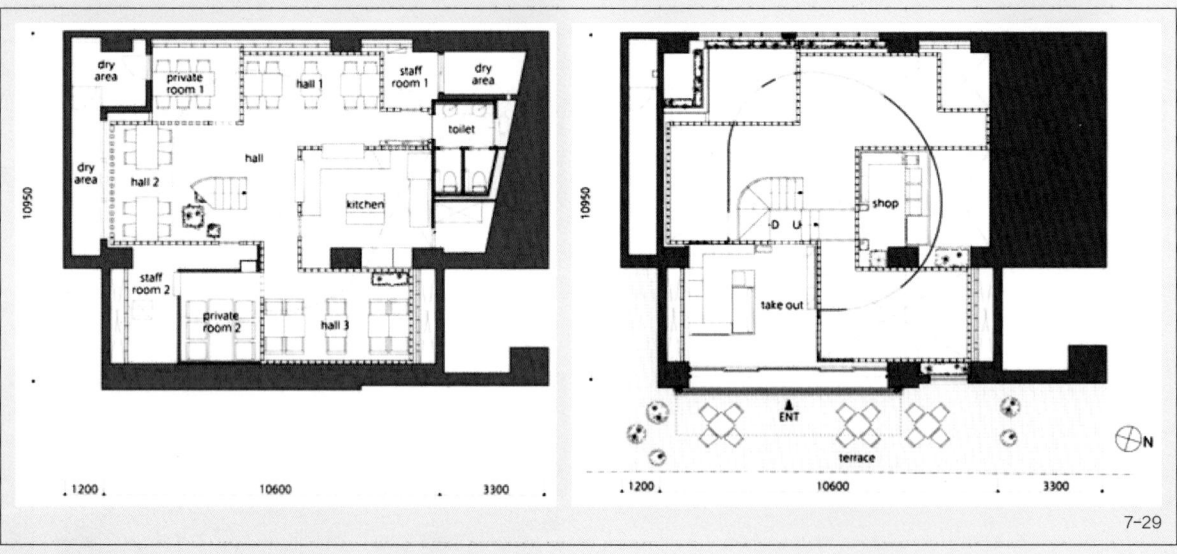

7-29 平面布局

7.4.3 空间节奏

在餐厅室内，Sinato巧妙地使用了两种空间的叠加来创造出一个亲密却宽敞的空间，在空间的垂直节奏上取得了丰富的效果。尽管餐厅处于地下位置，由于采光和通风处理得当，这无碍于在餐厅获得清新、畅快的感觉（图7-30）。

7.4.4 交通流线

由于餐厅是由两个垂直交叠的空间构成，加上联系这两种空间的台阶，整个空间的水平和垂直交通都显得很丰富。顾客在台阶上行走时，能够体会到空间的不同变化（图7-31）。

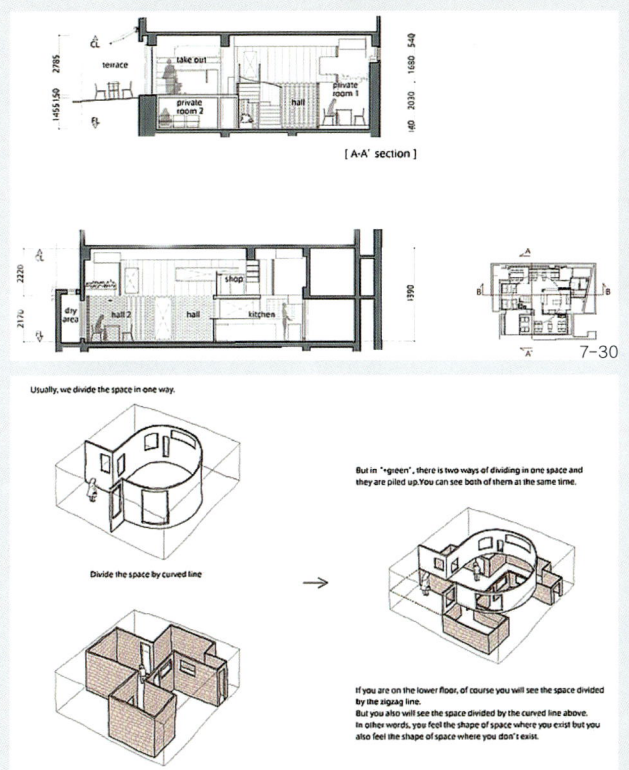

7-30 空间节奏
7-31 交通流线

7.4.5 方案介绍

餐厅虽然不大,但是空间构成却相当清晰,由混凝土和砖墙结构组成的交叠空间丰富了整体餐厅的垂直空间。此外,直线和弧线,以及不同材质之间的对比关系使空间显得格外简洁、有力。尤其是能够透过弧形的取景墙看到绿色的植物,显得餐厅更加富有生机(图7-32)。

7-32 简洁而丰富的空间构成